CE CAHIER APARTIEN A :

....

,...

ALPHABET

MAJISCULE

≠

MINUSCULE

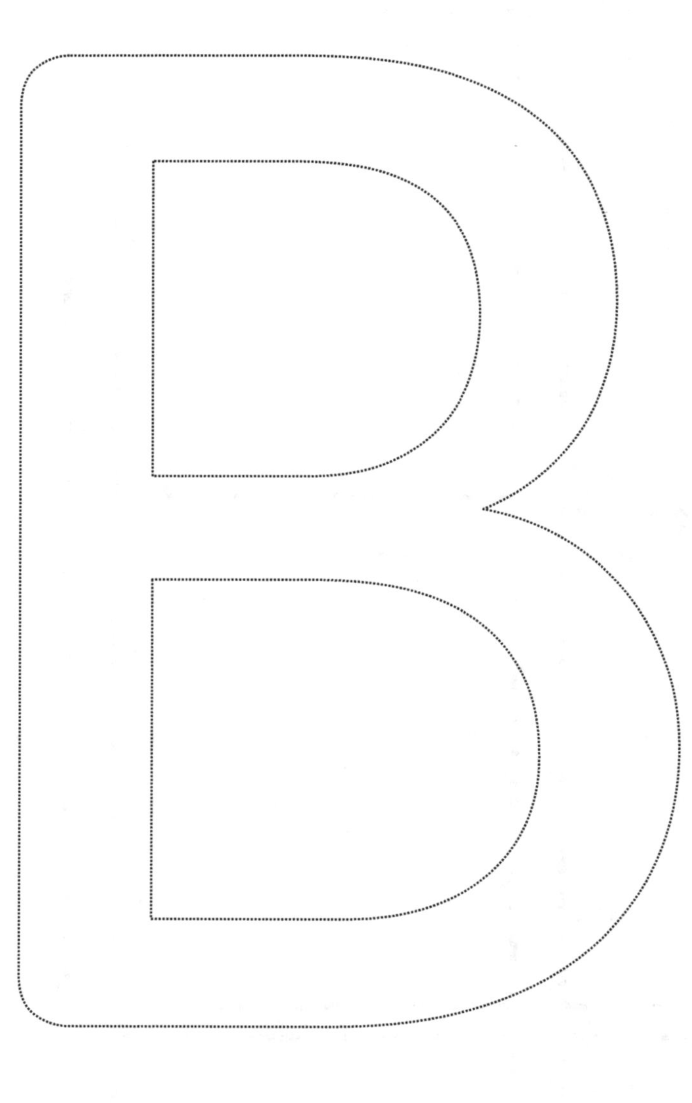

B

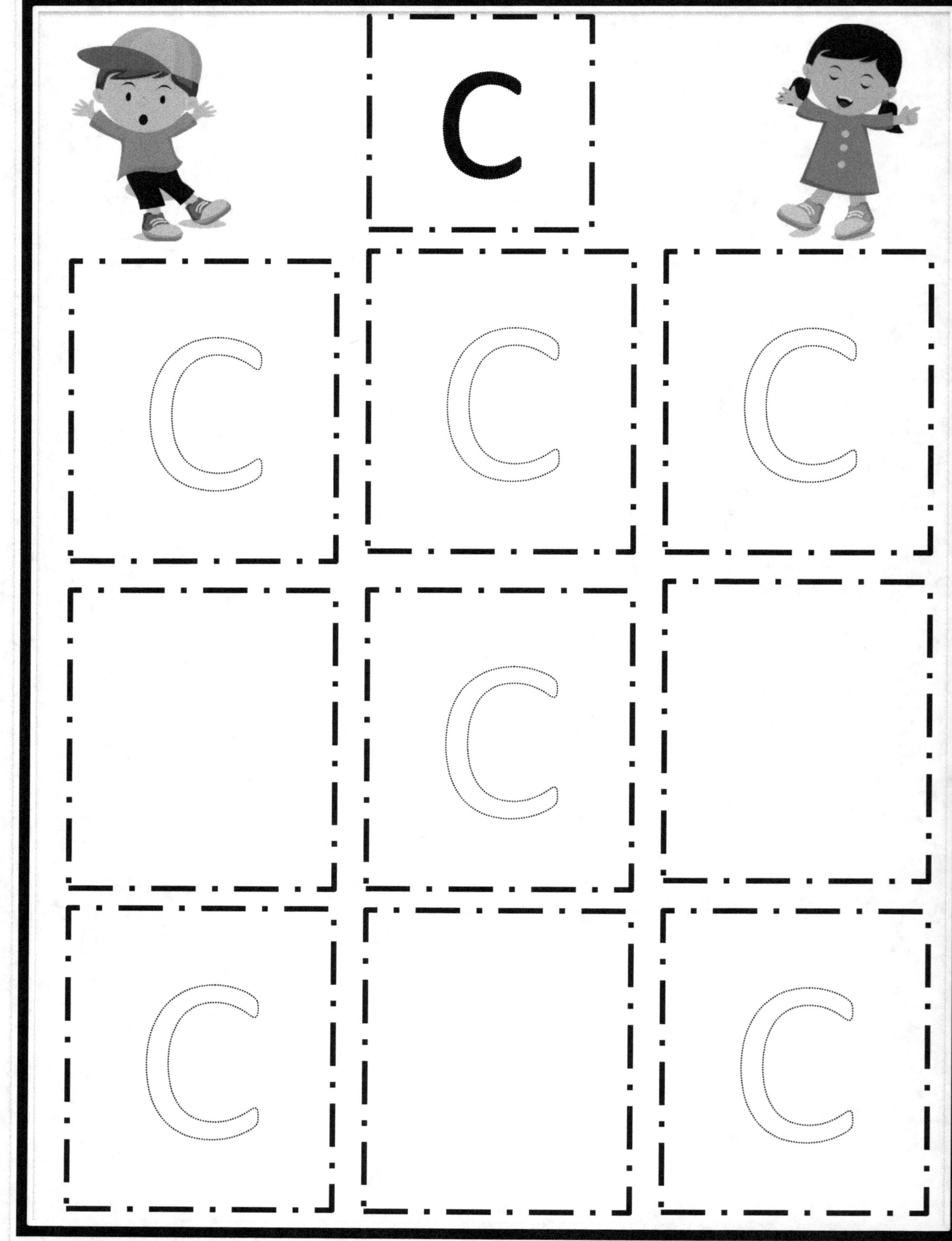

C

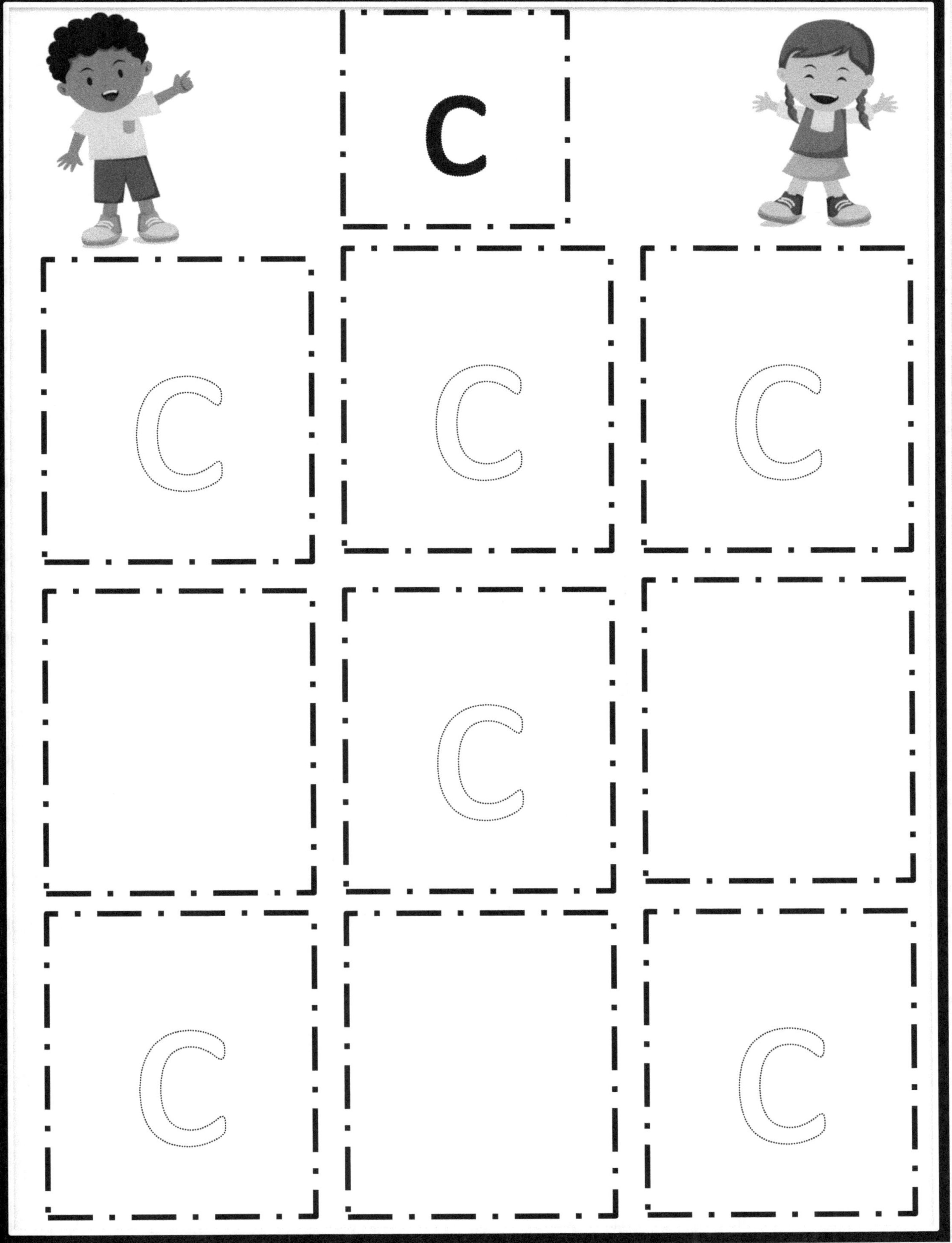
C

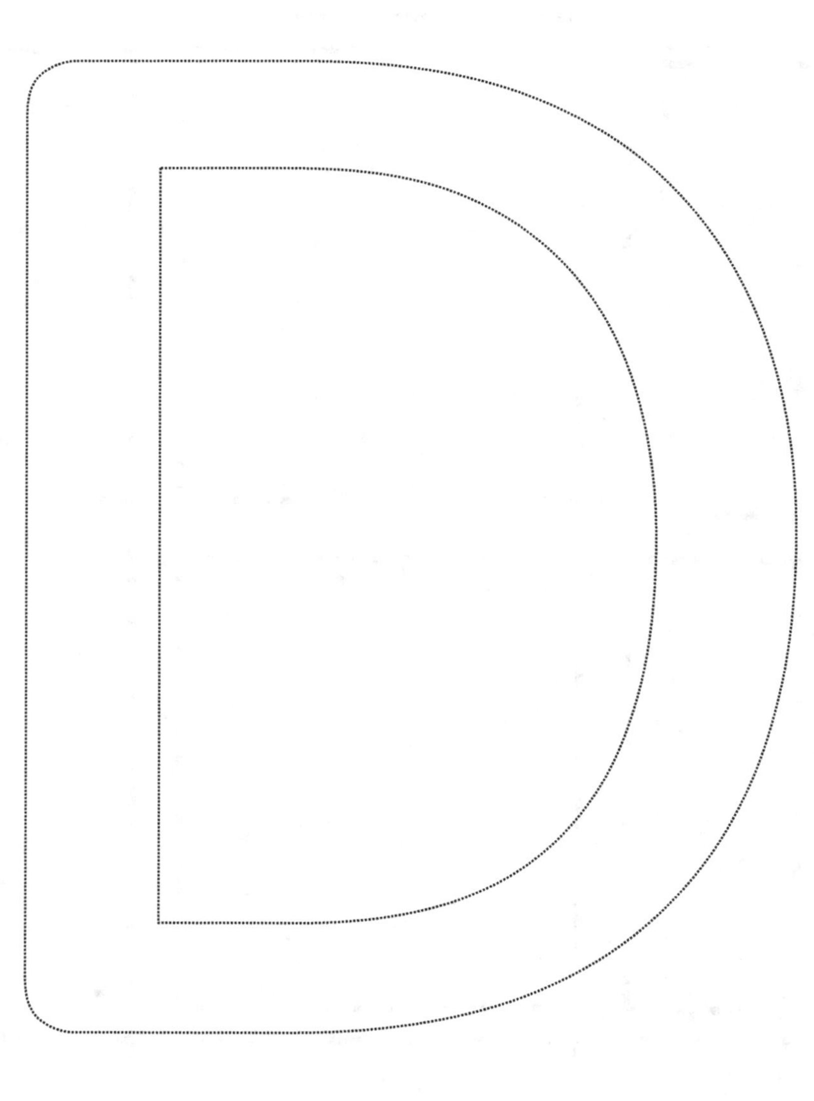

D

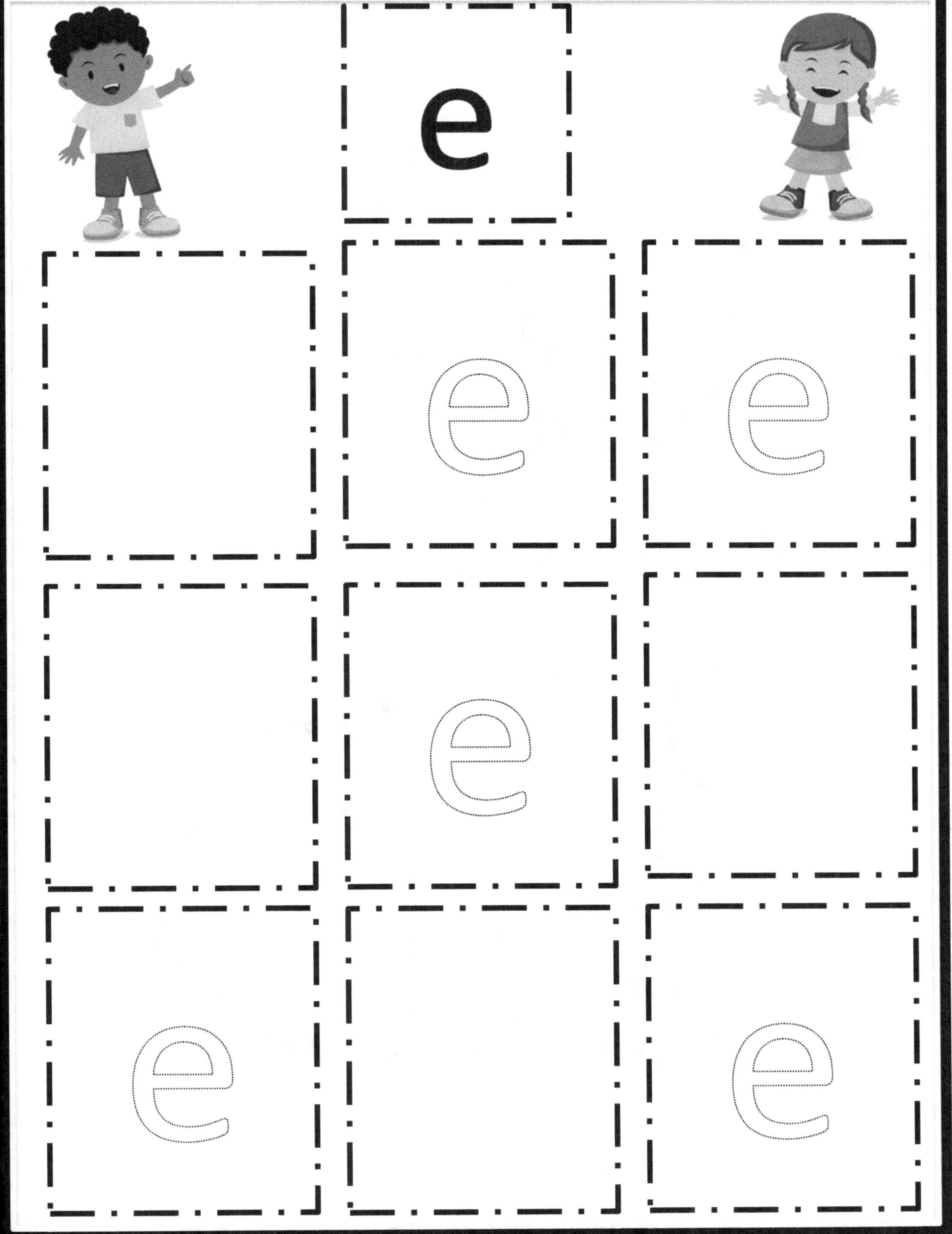

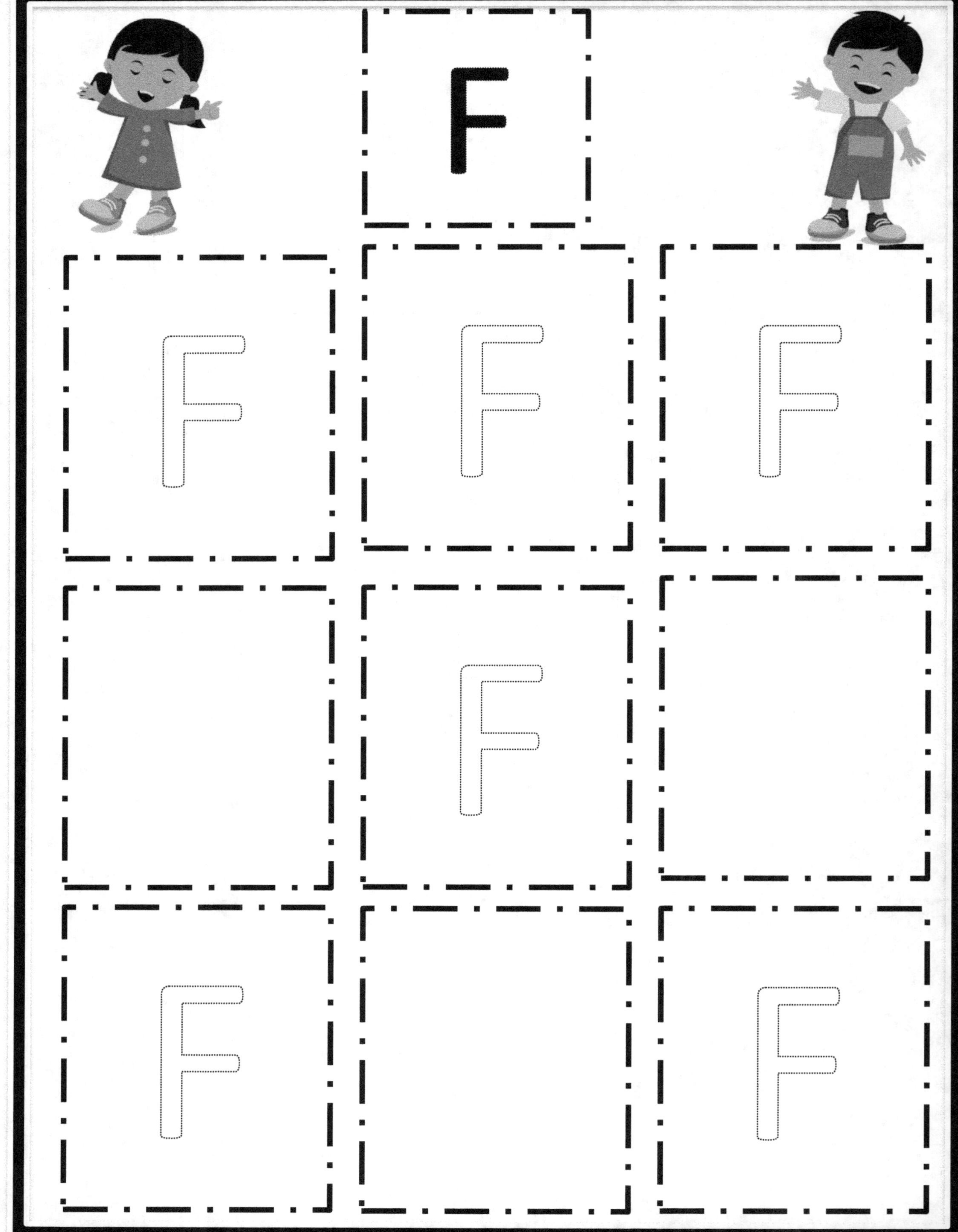

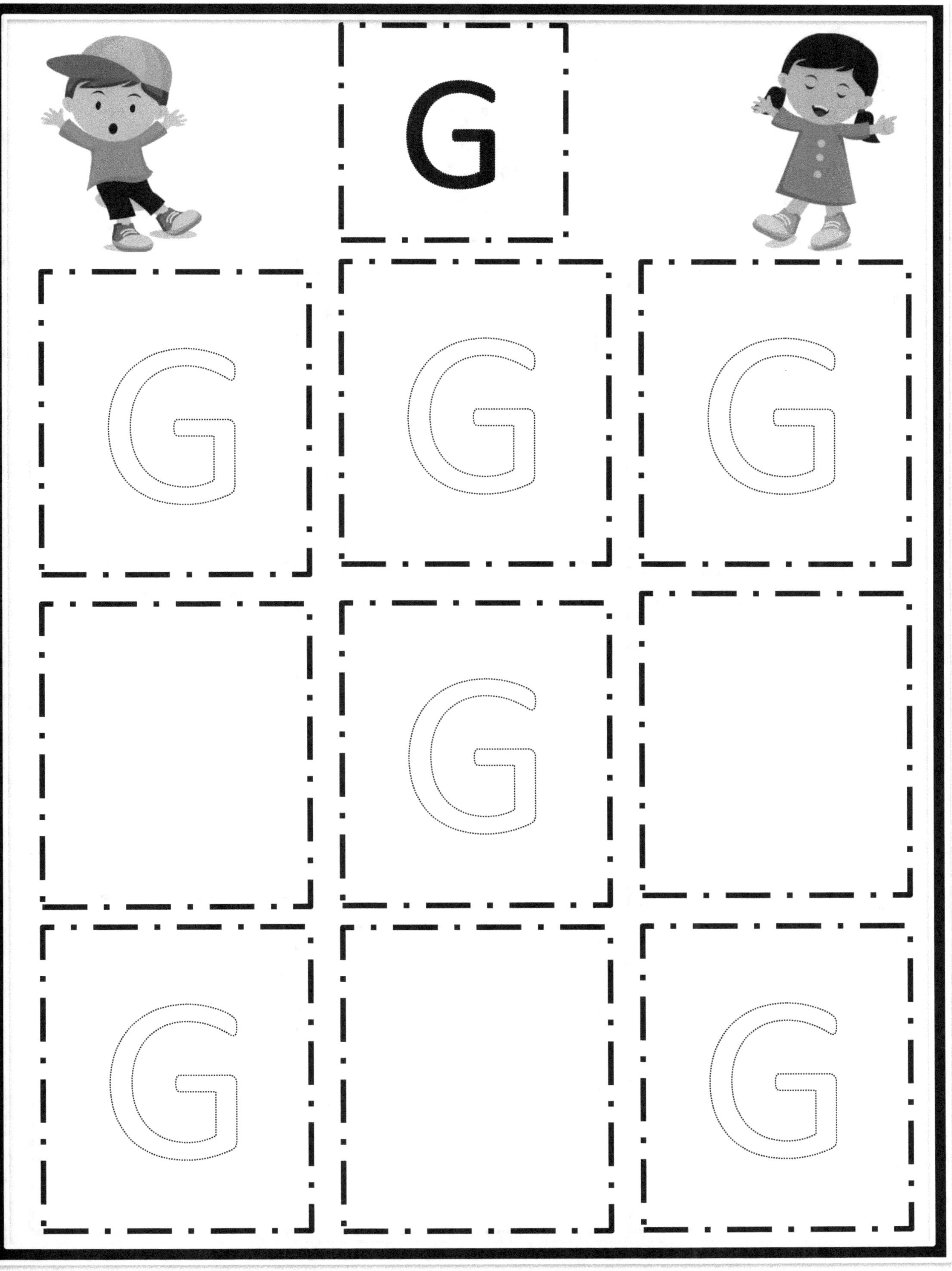

G

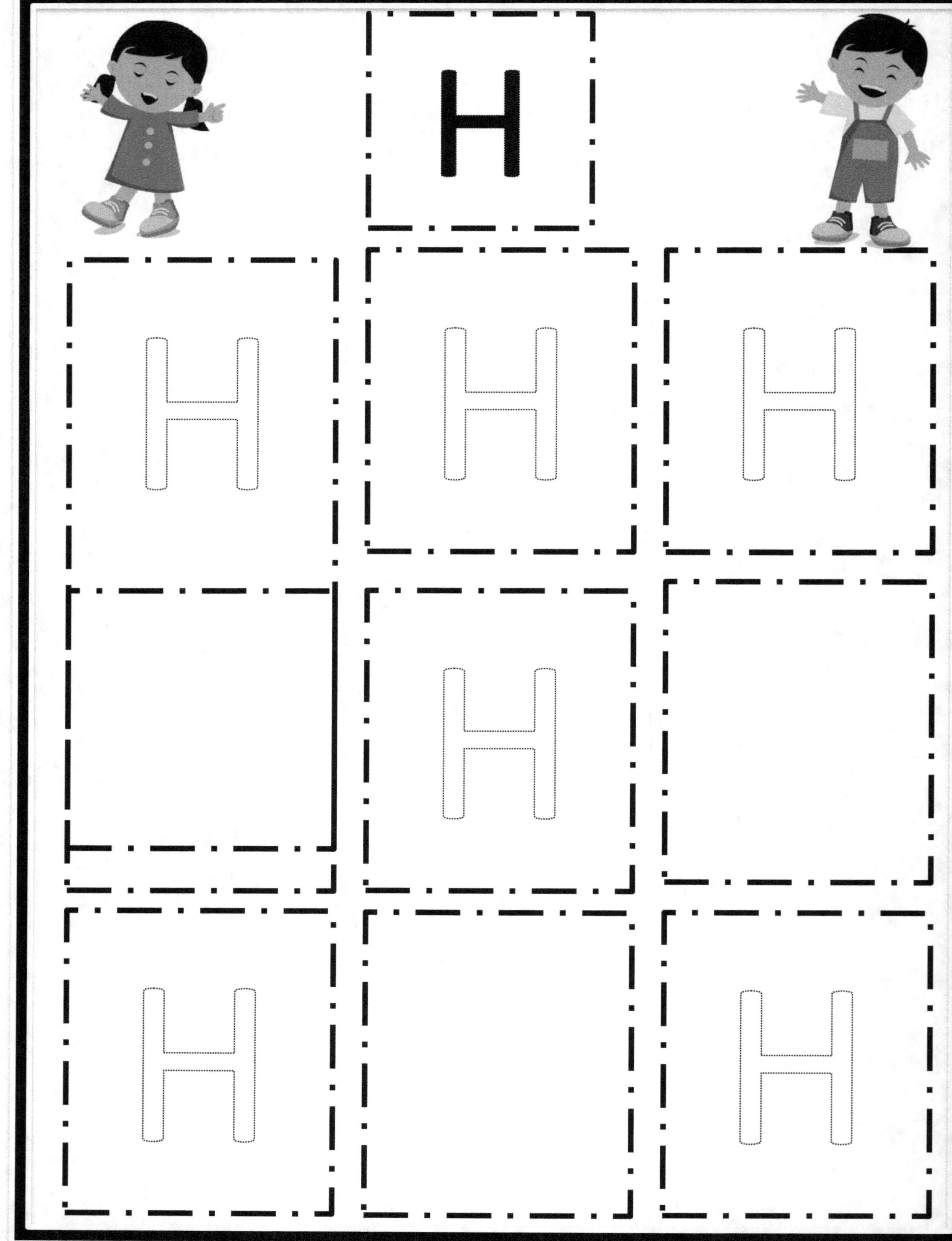
H

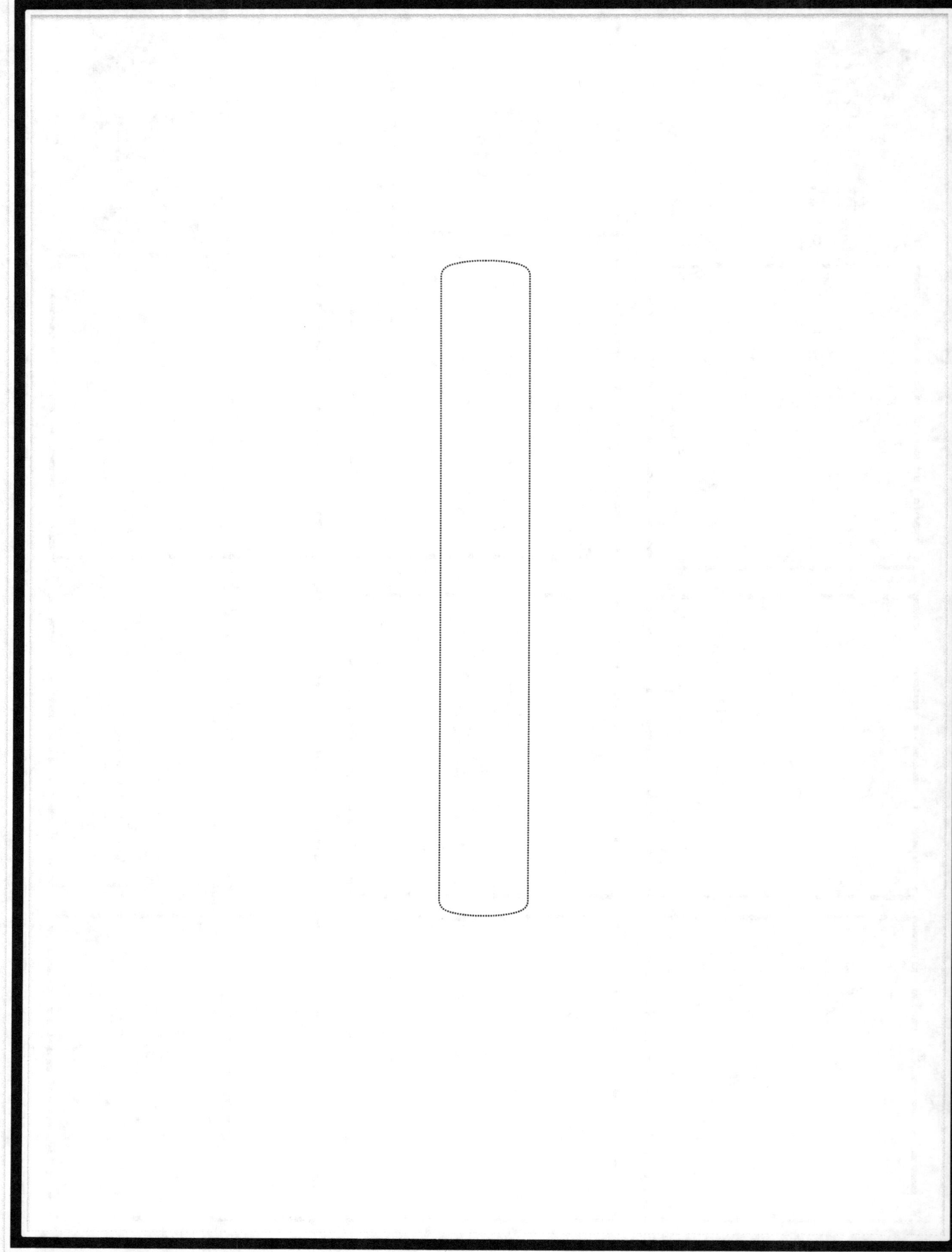

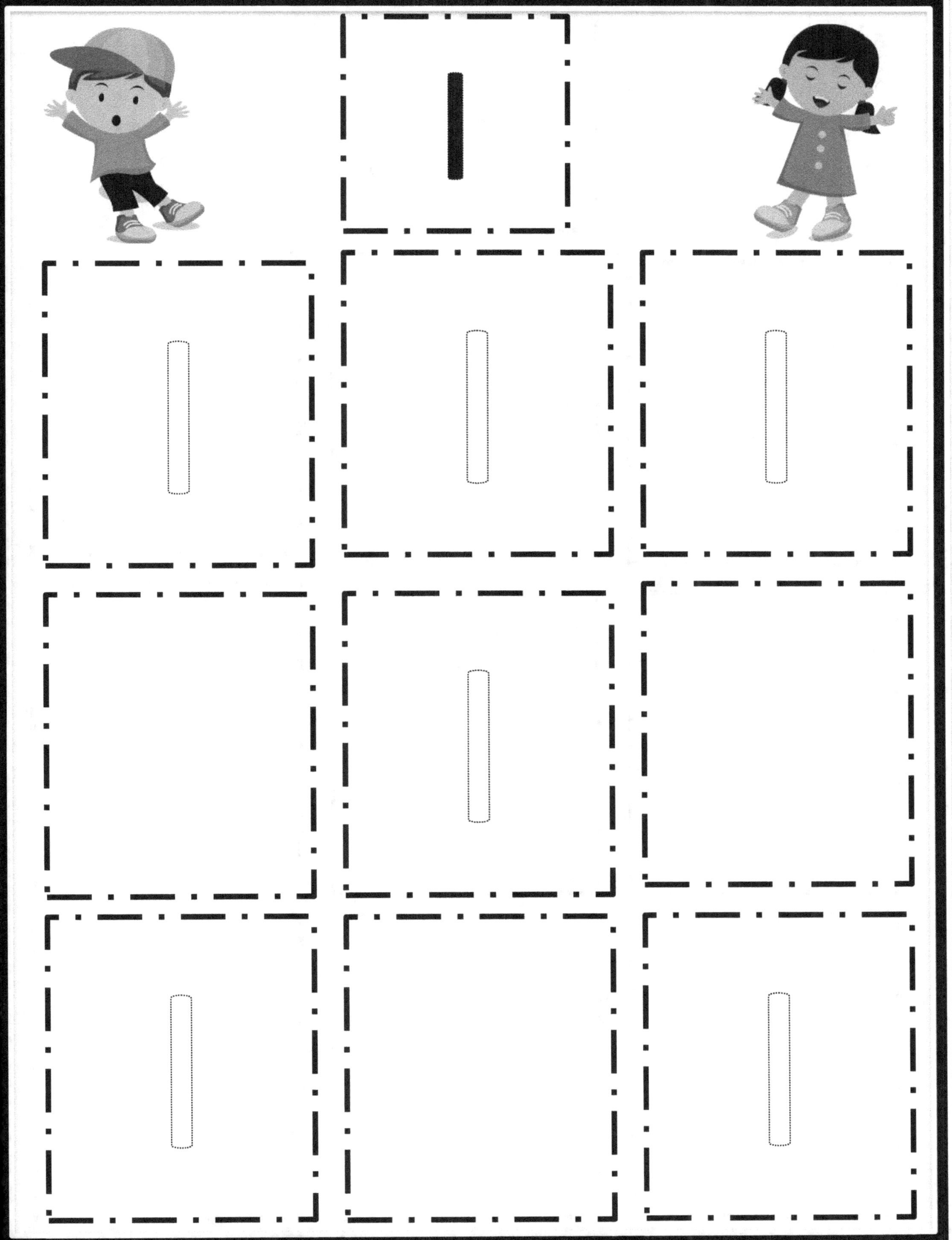

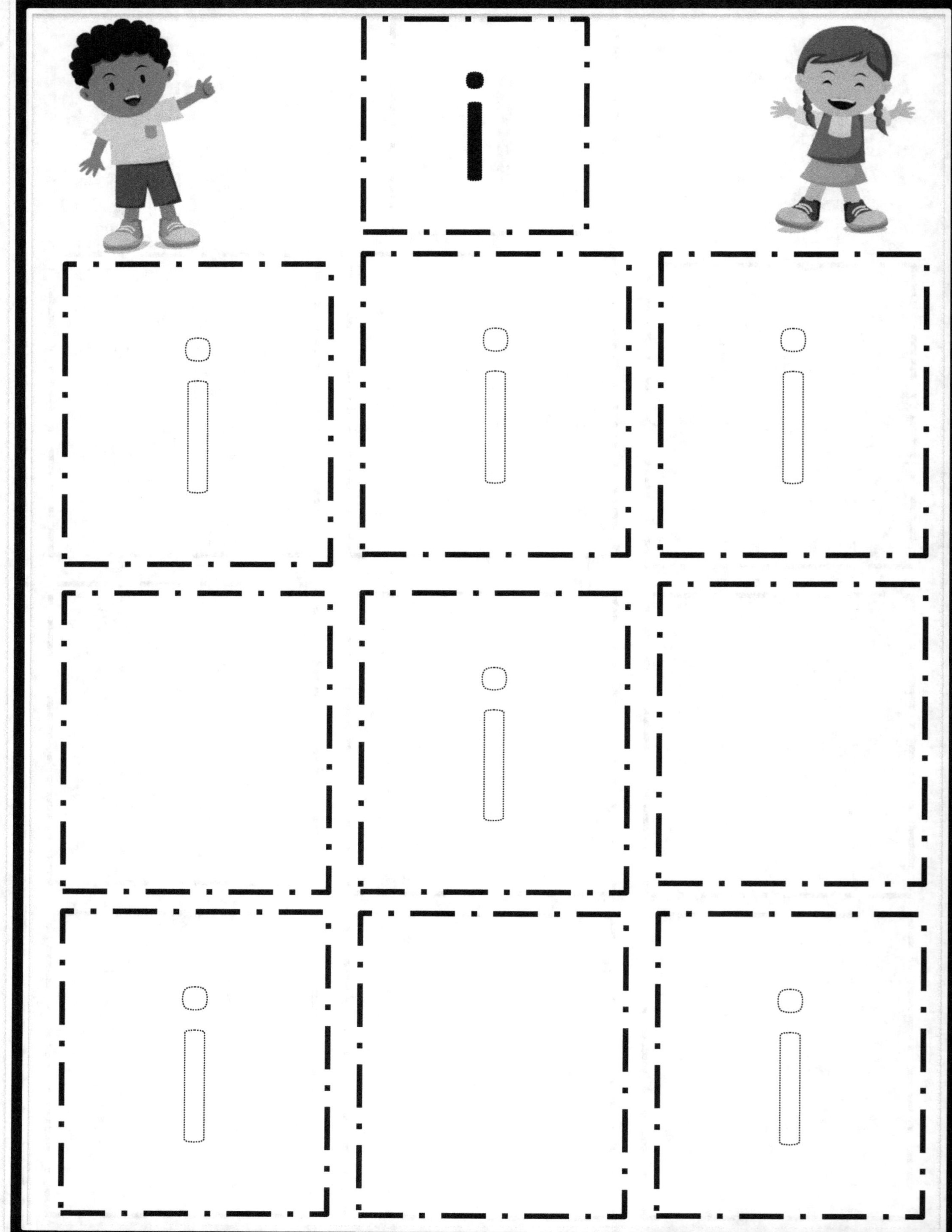

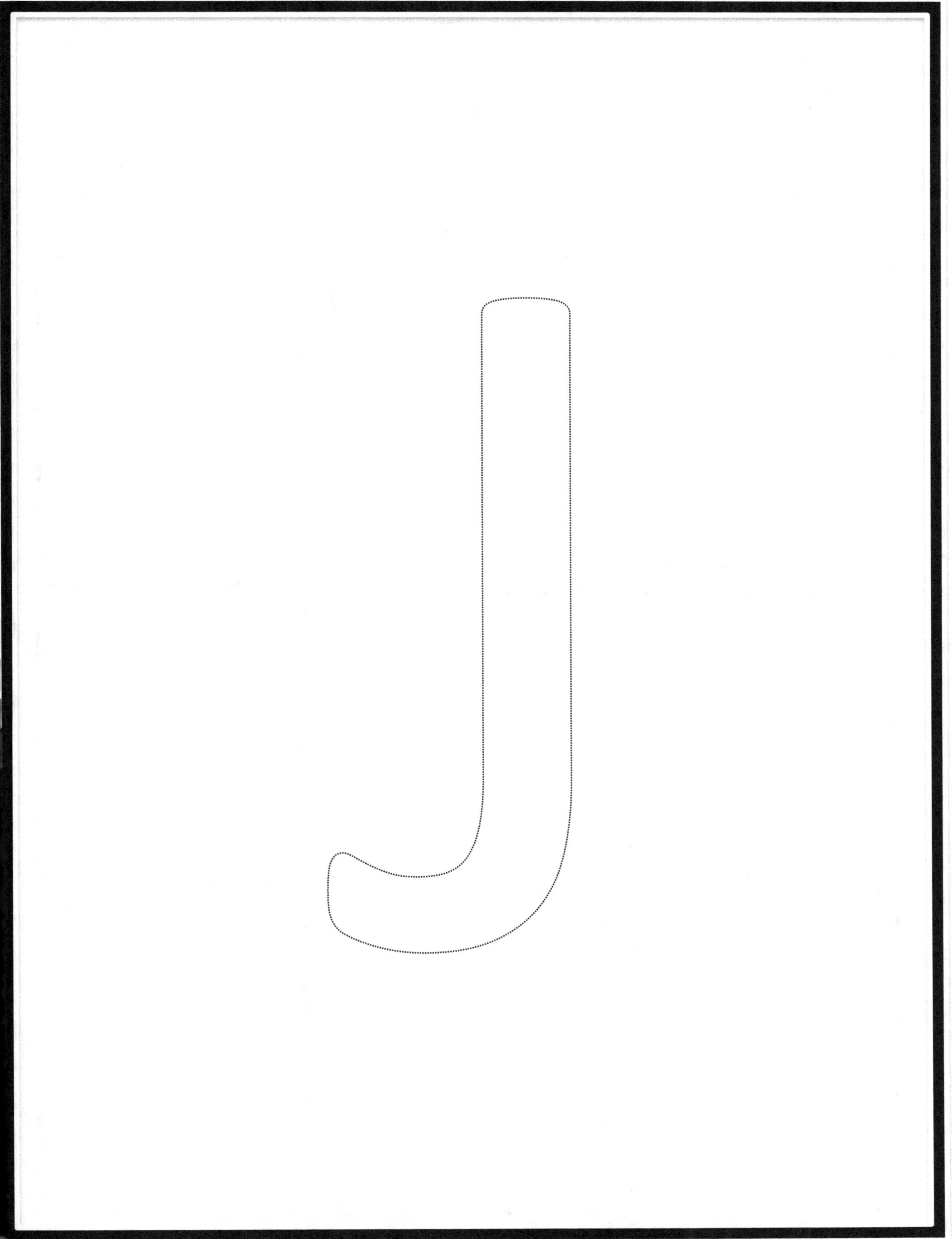

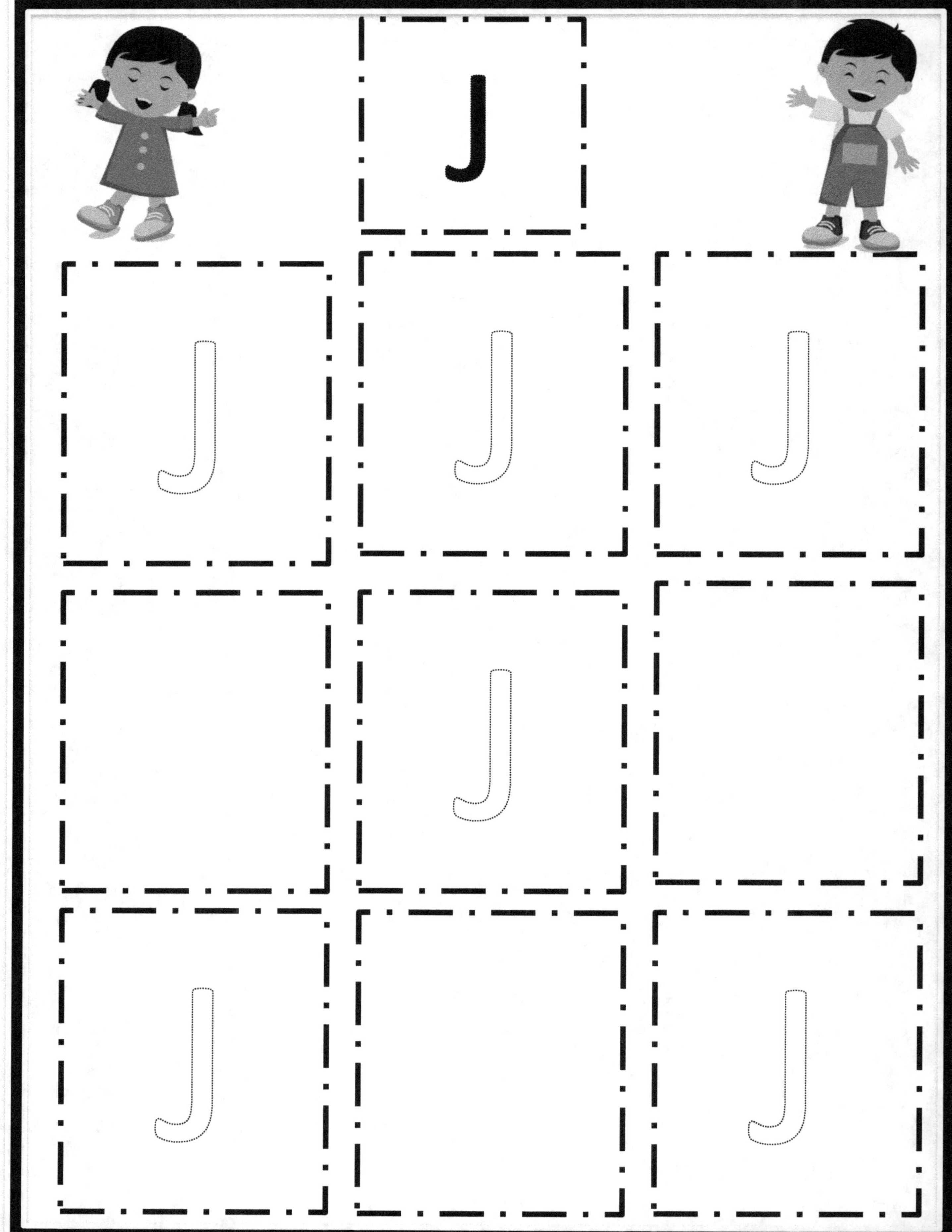

J

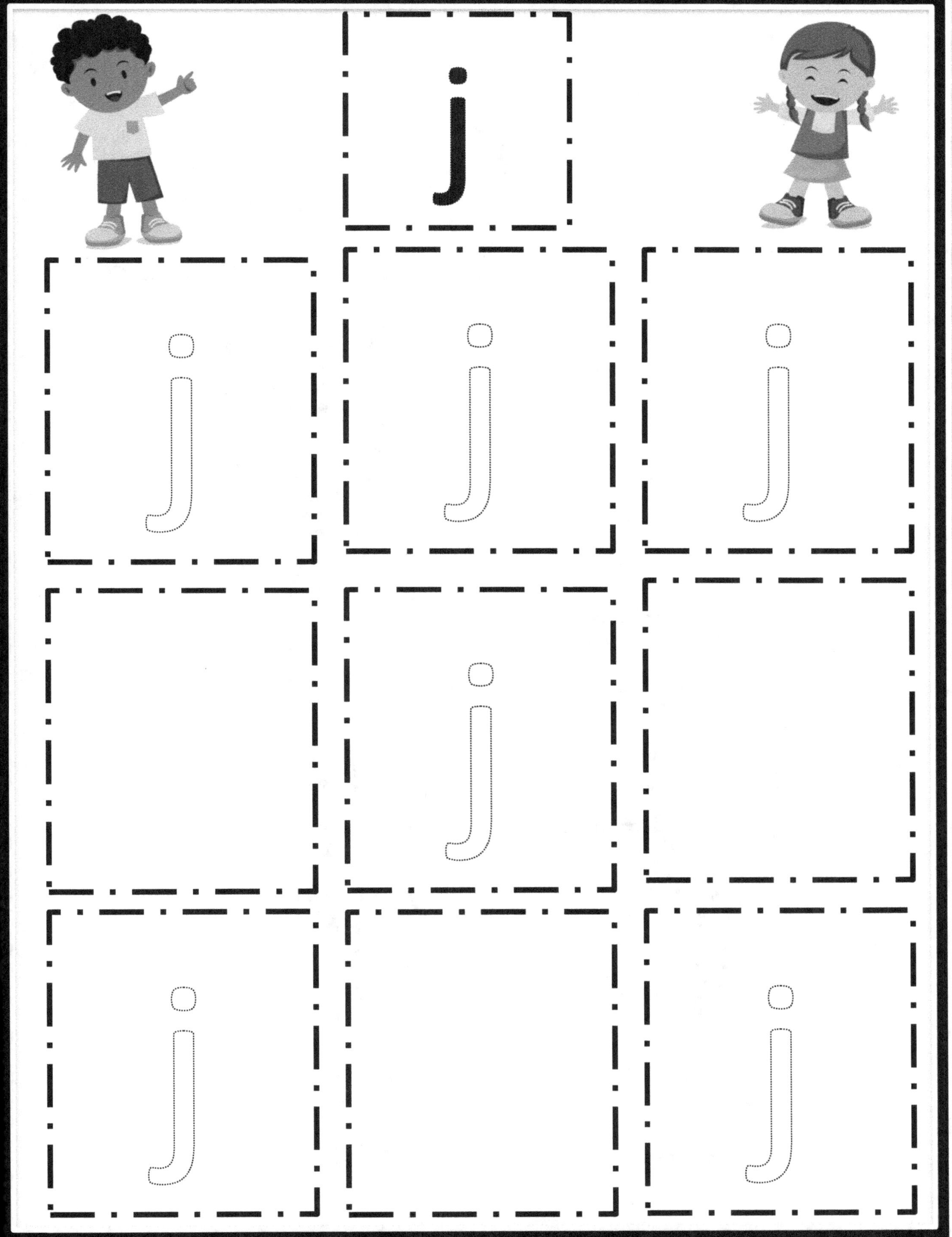
j

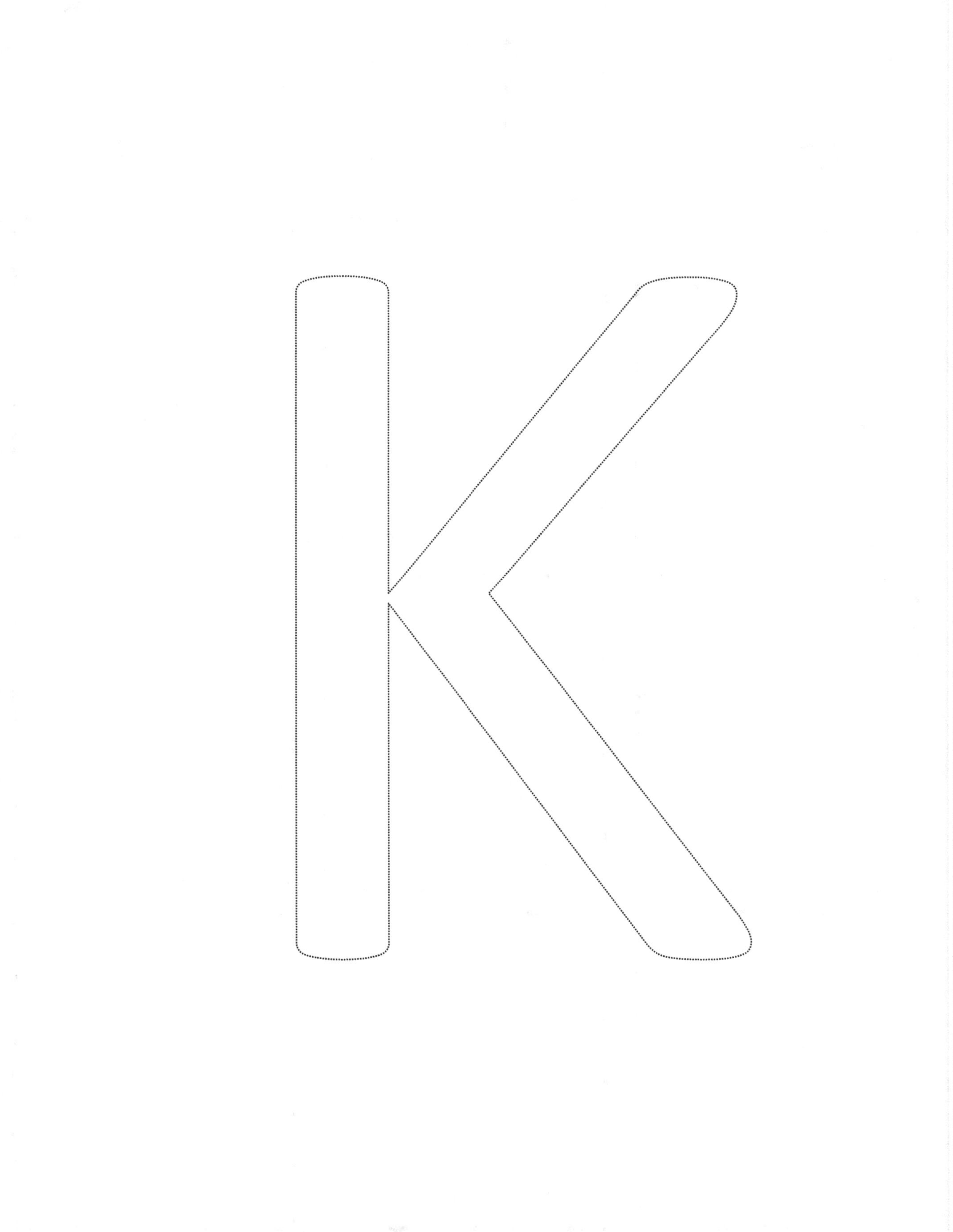

K

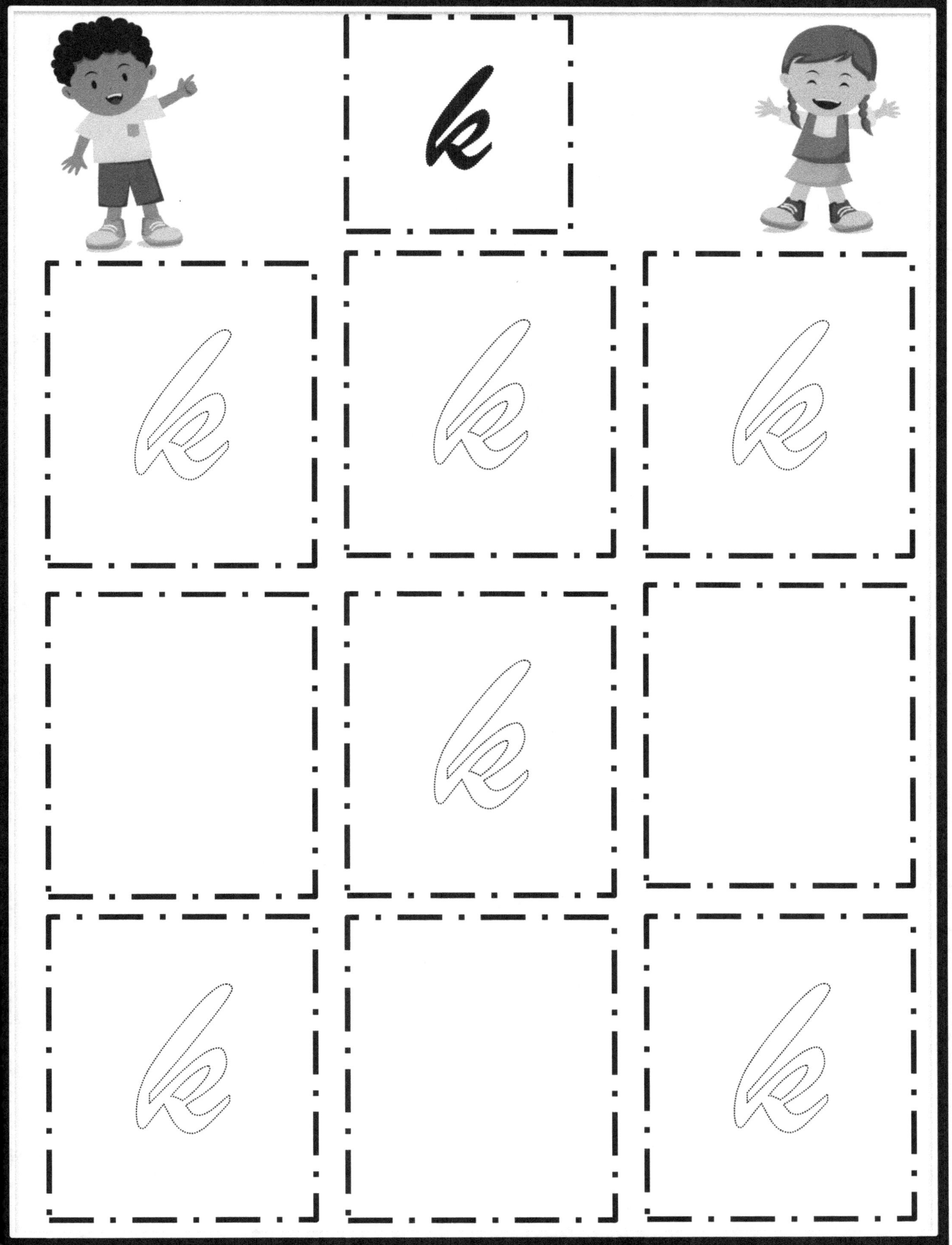

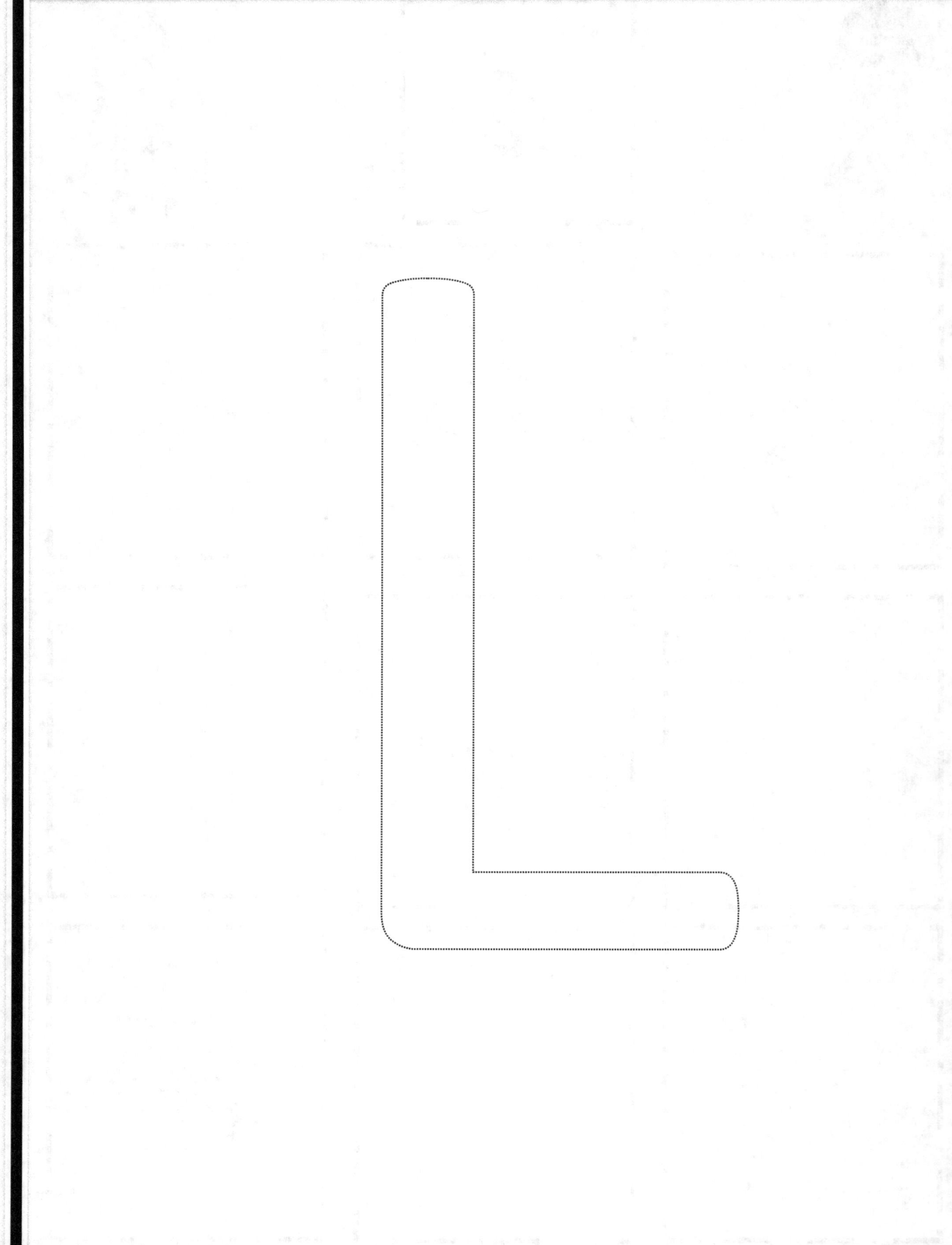

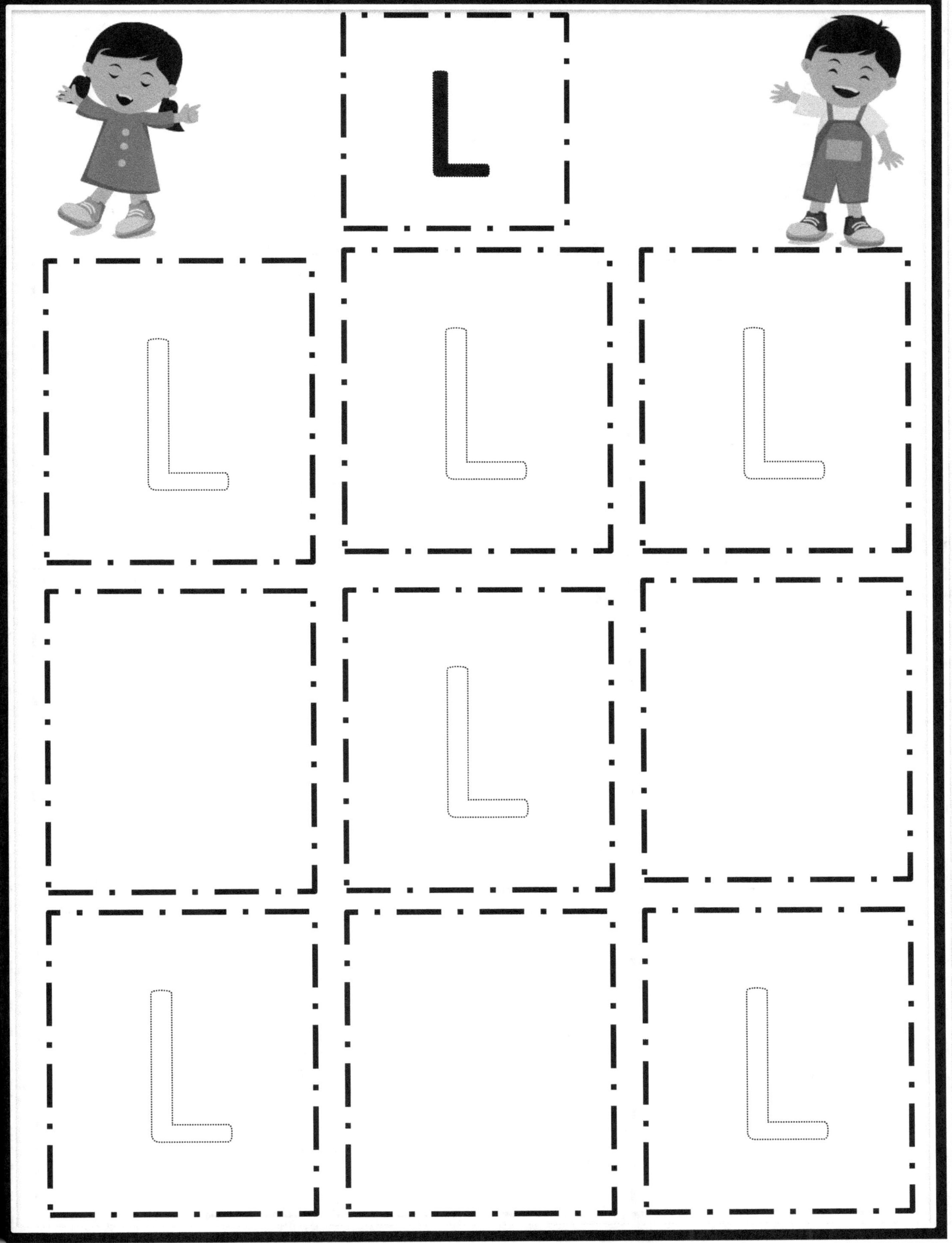

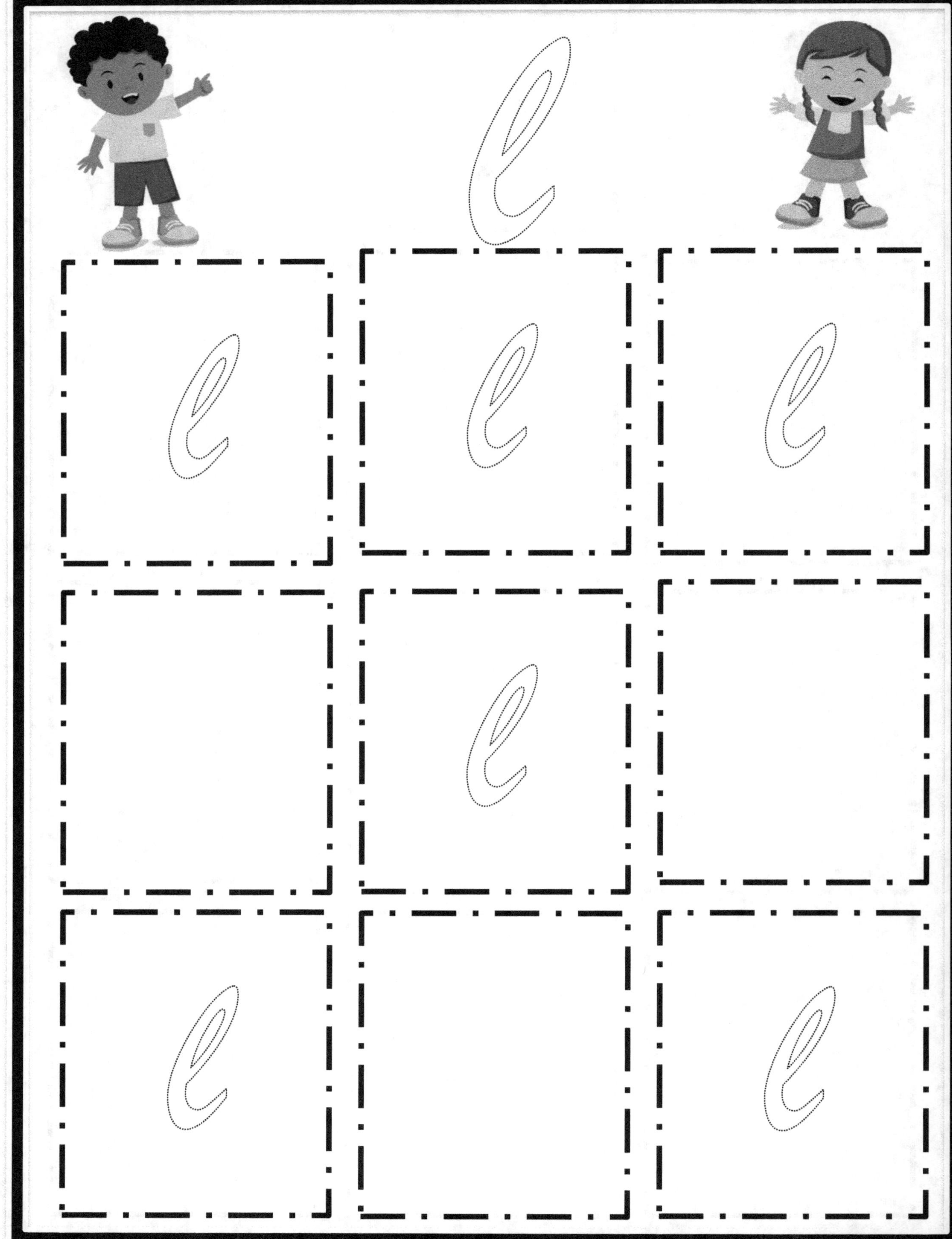

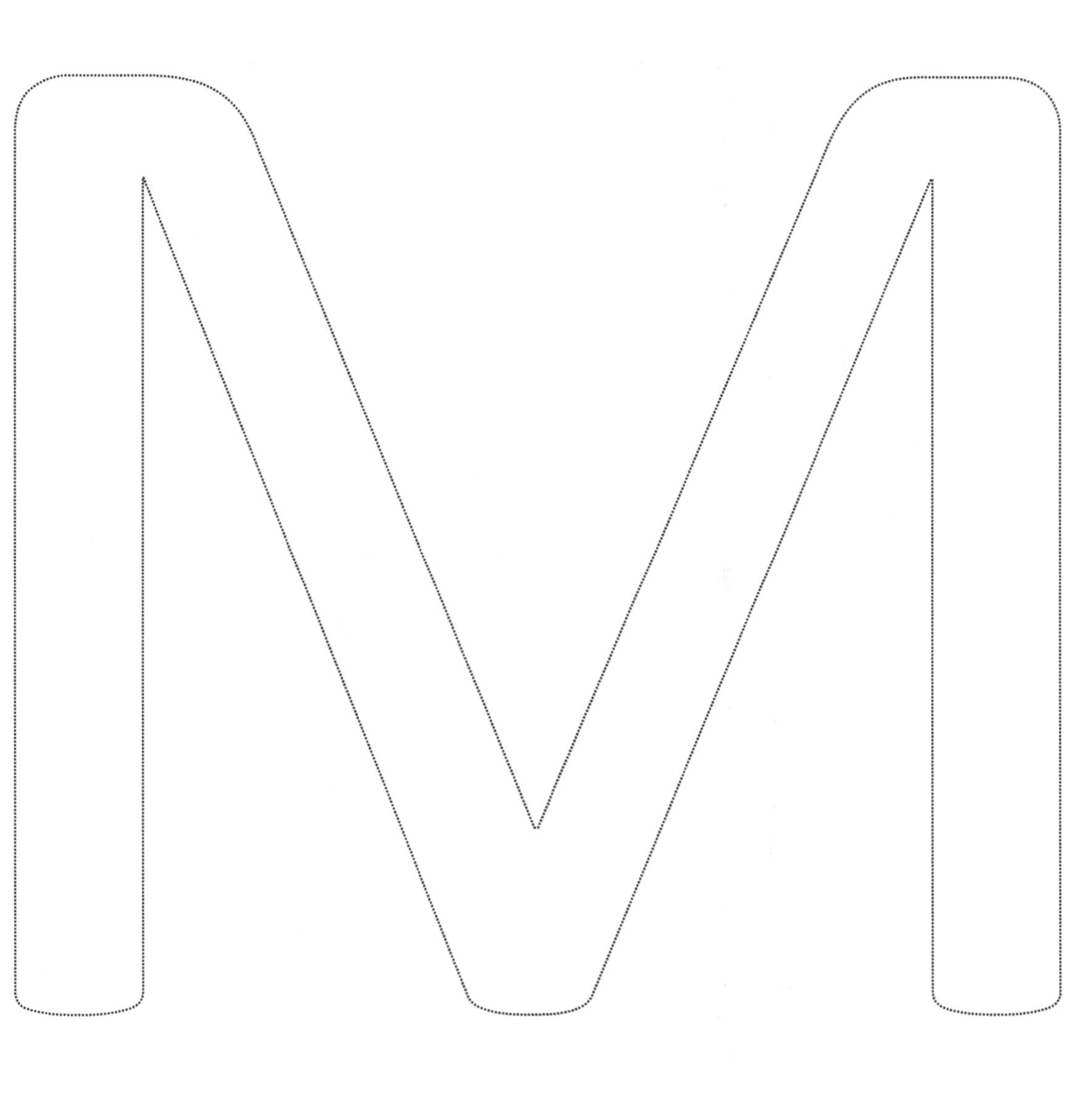

M

m

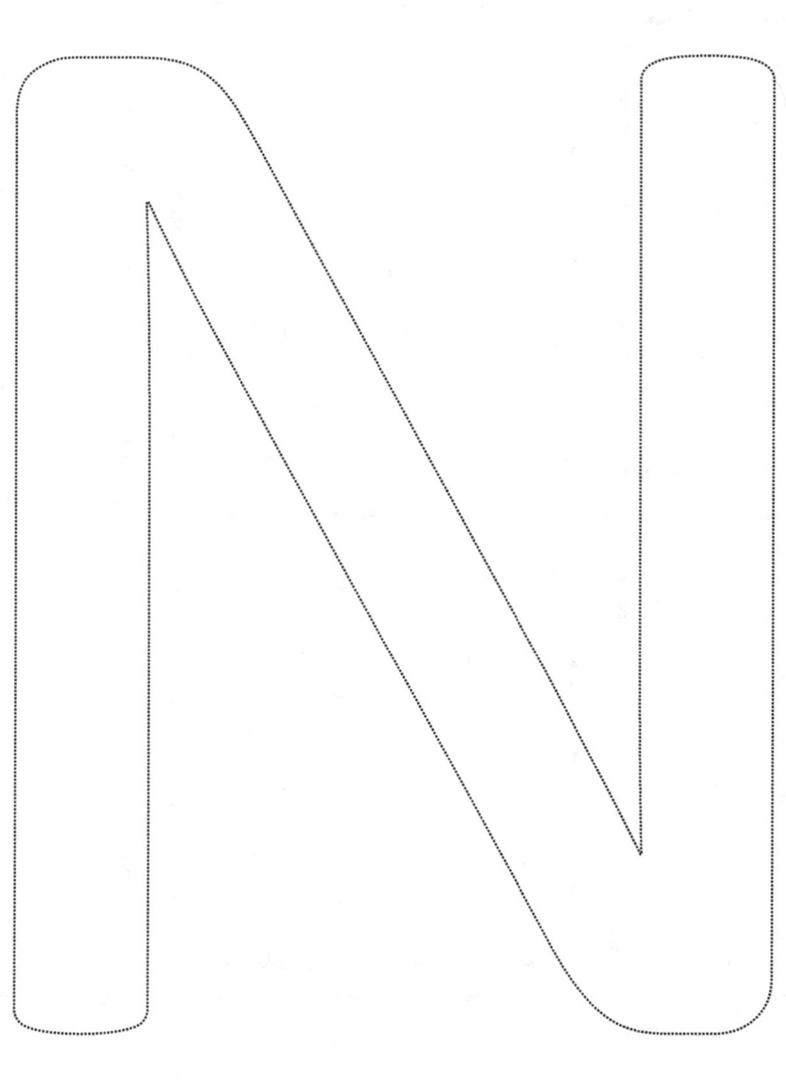

N

n

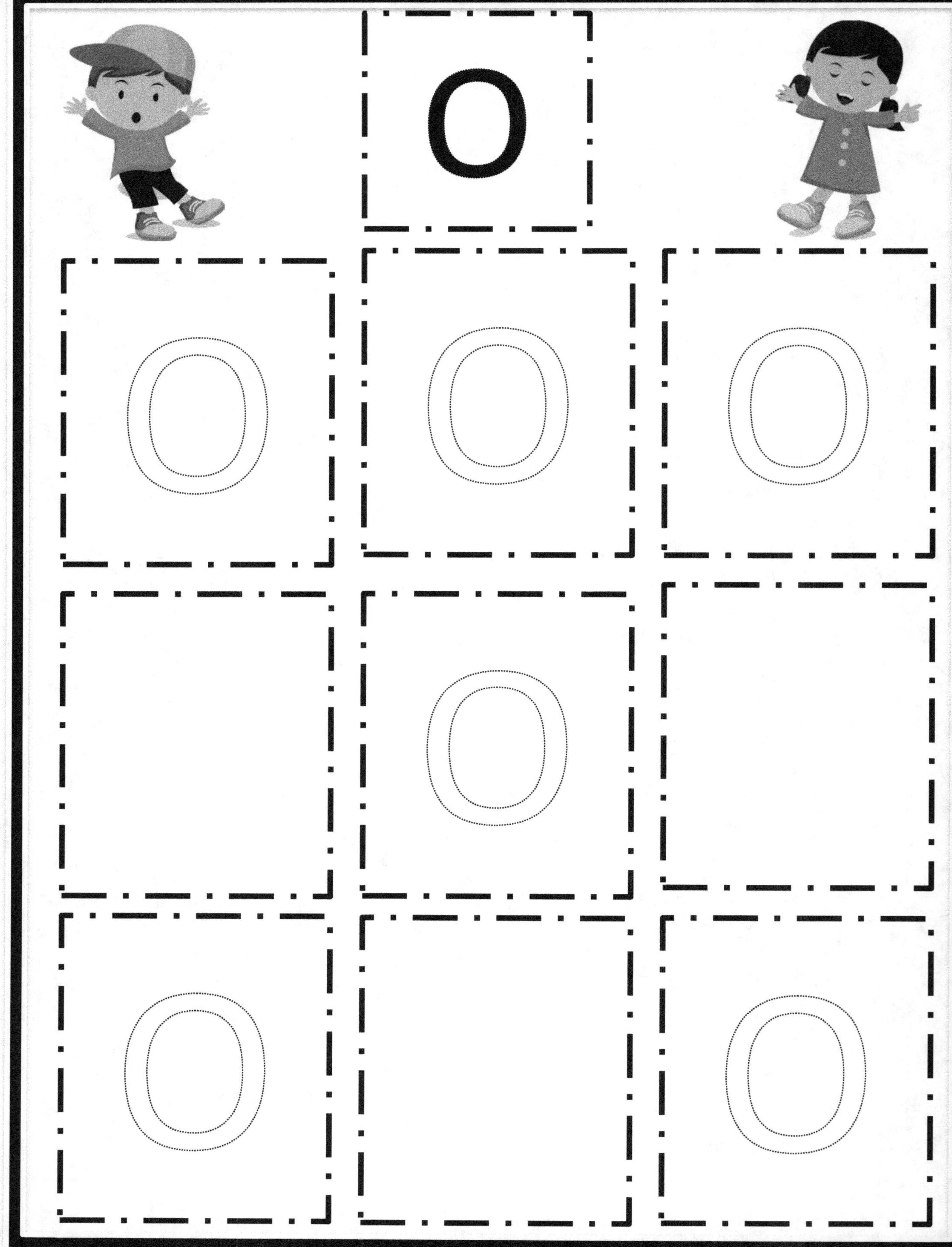
O

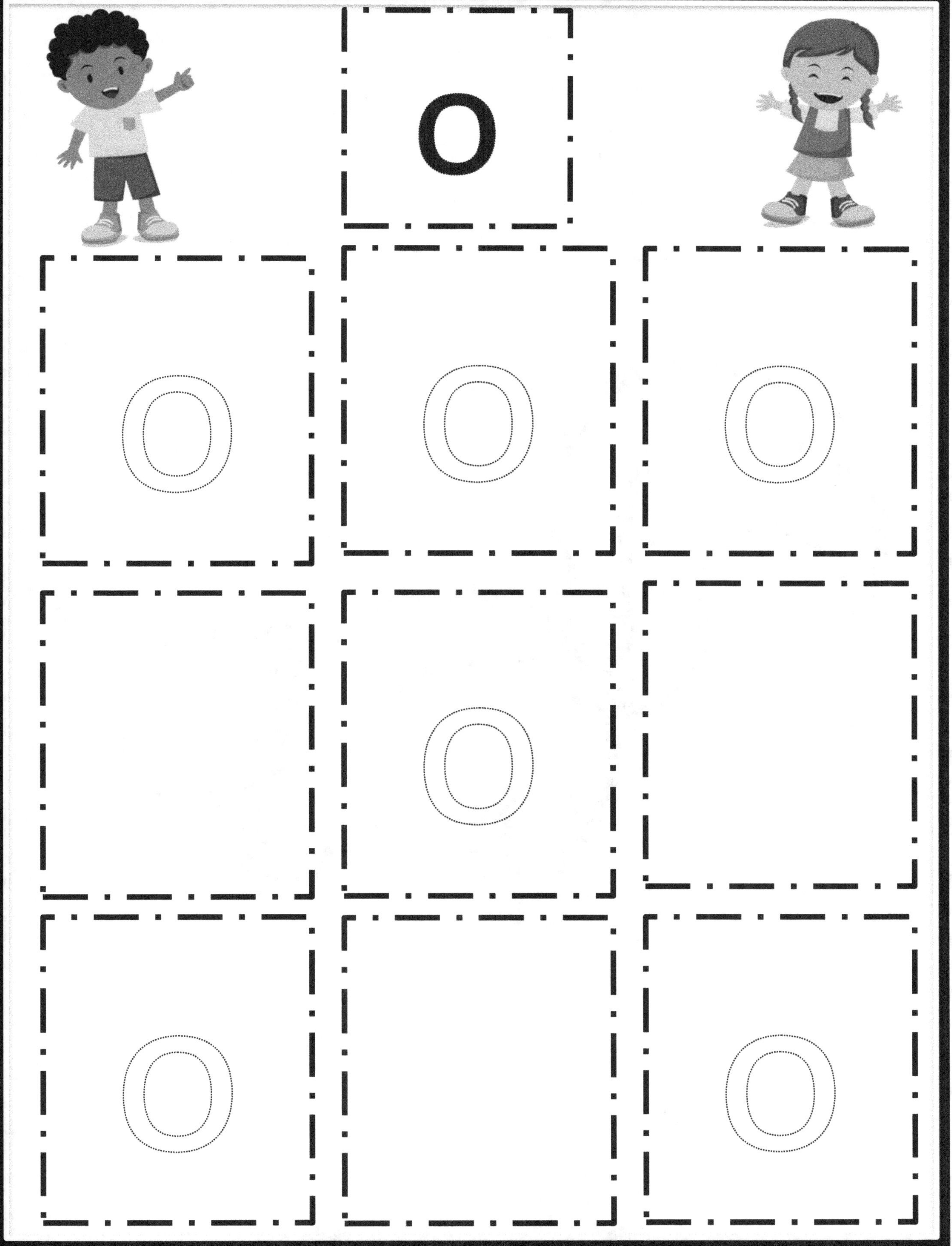
O

P

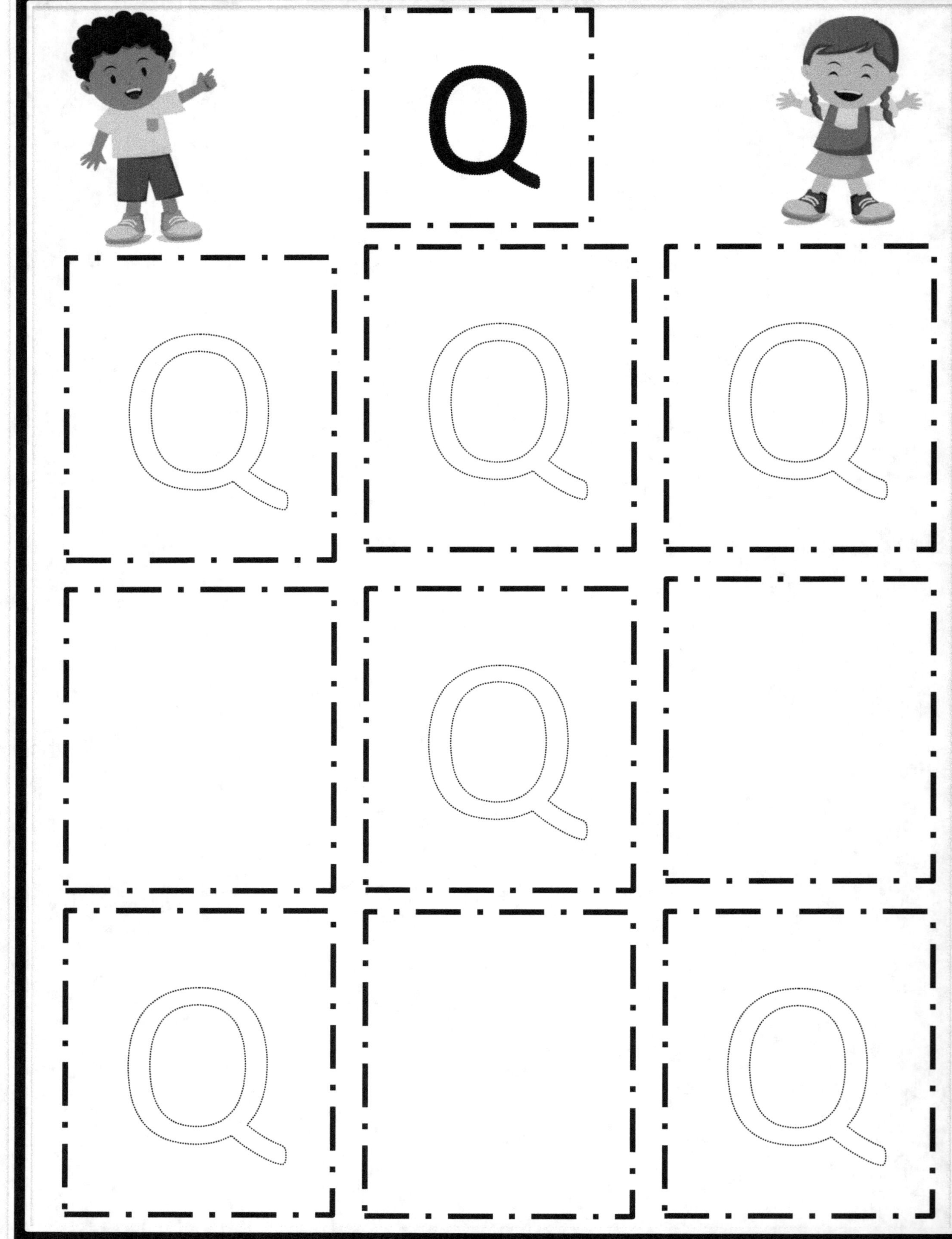
Q

q

r

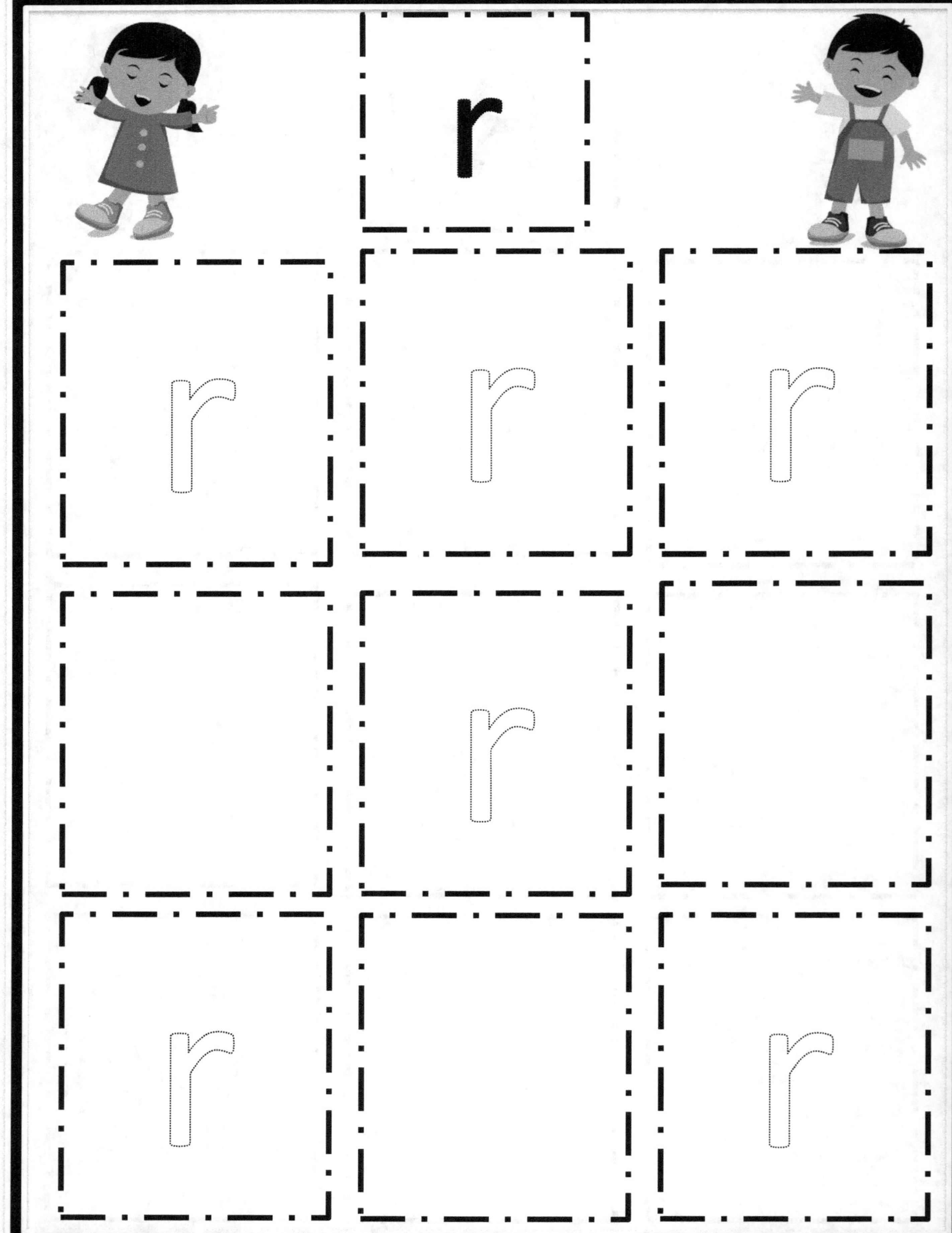

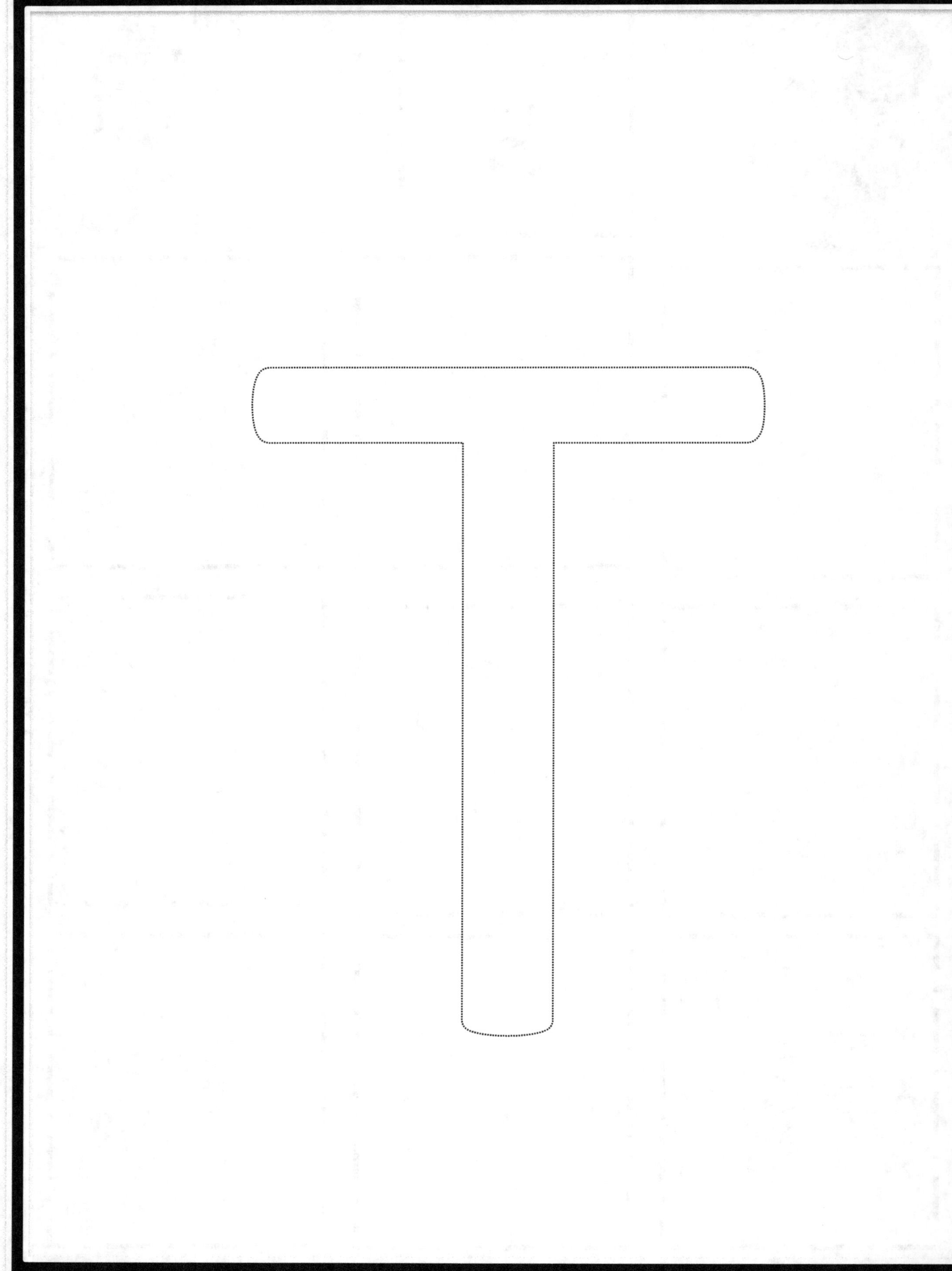

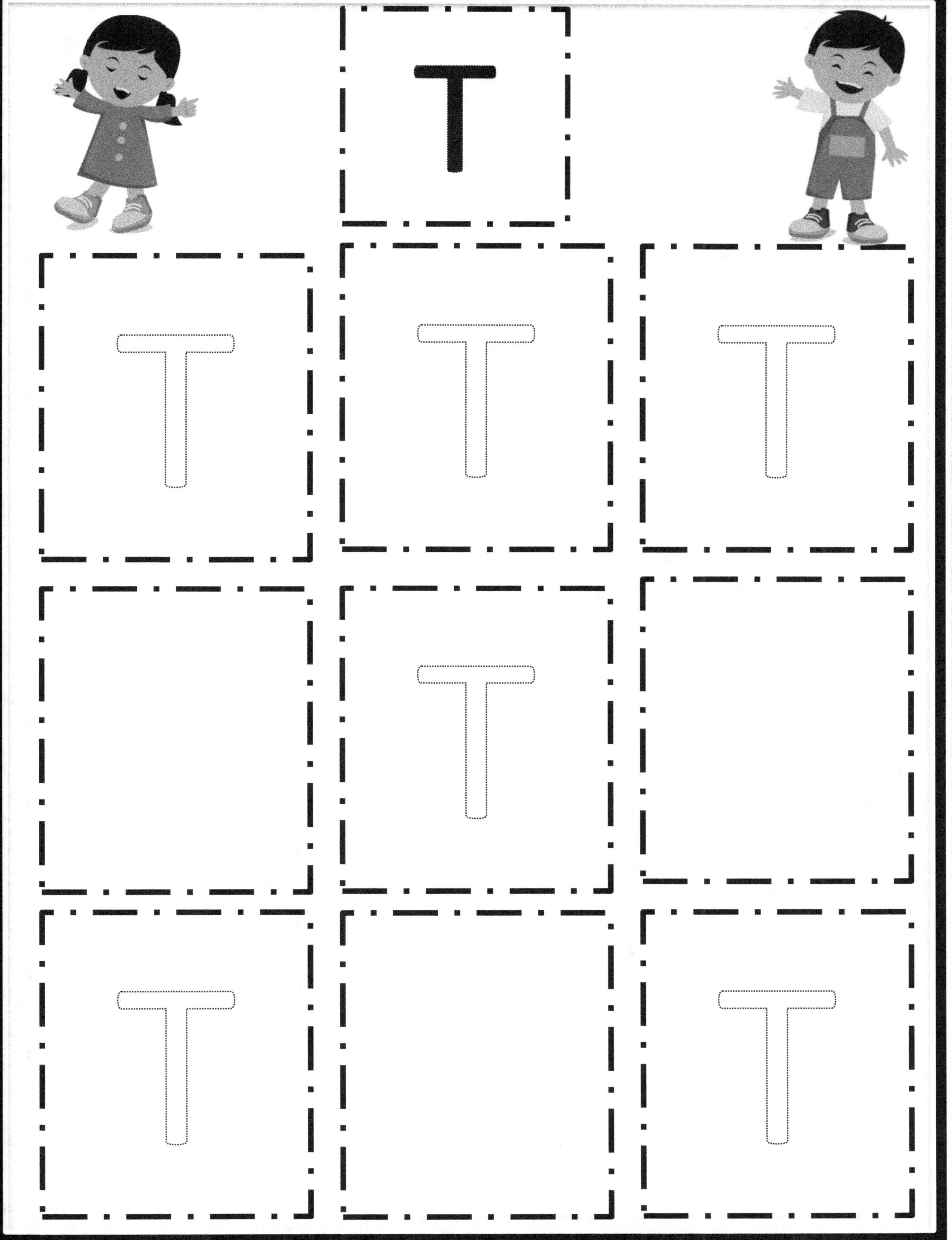

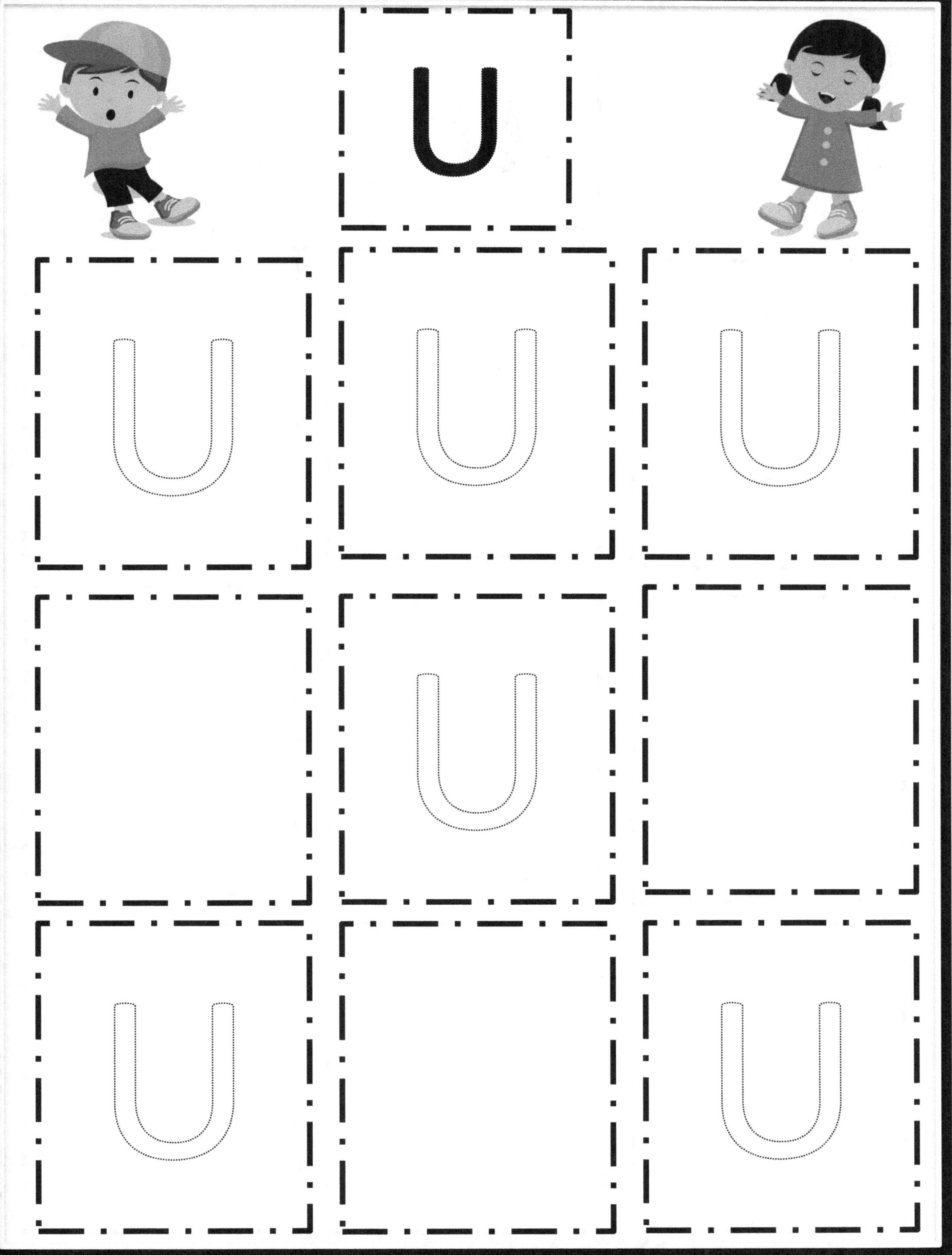

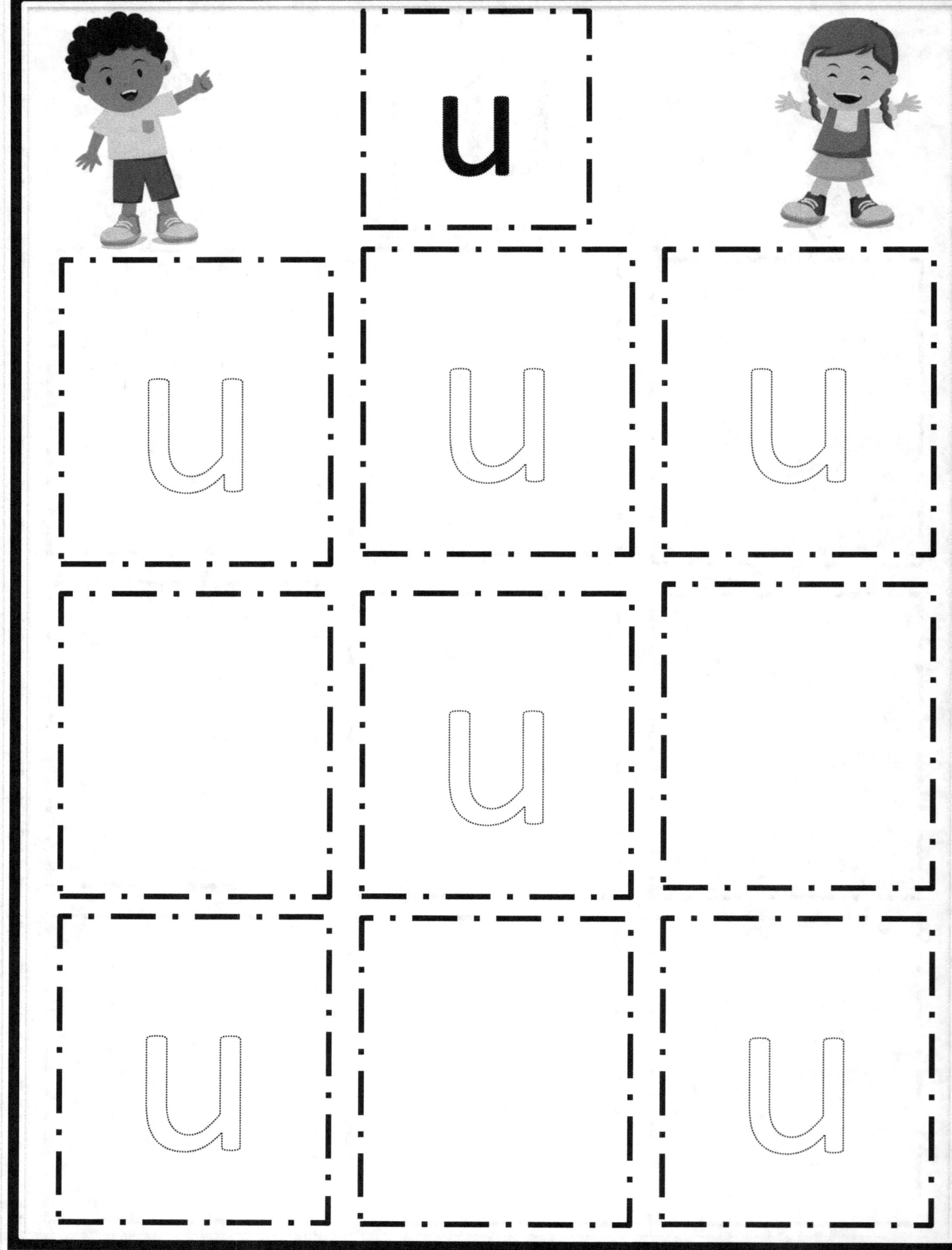

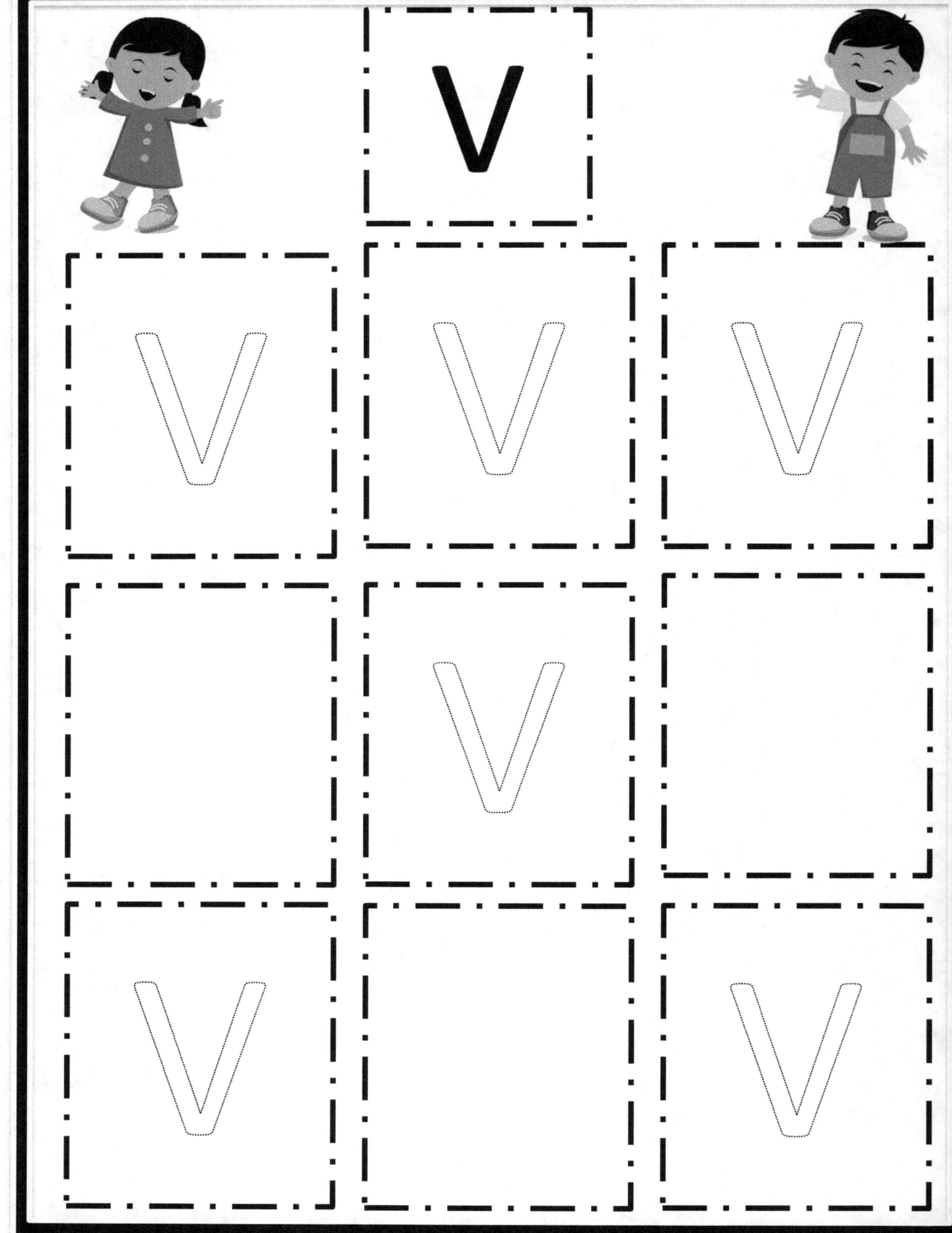

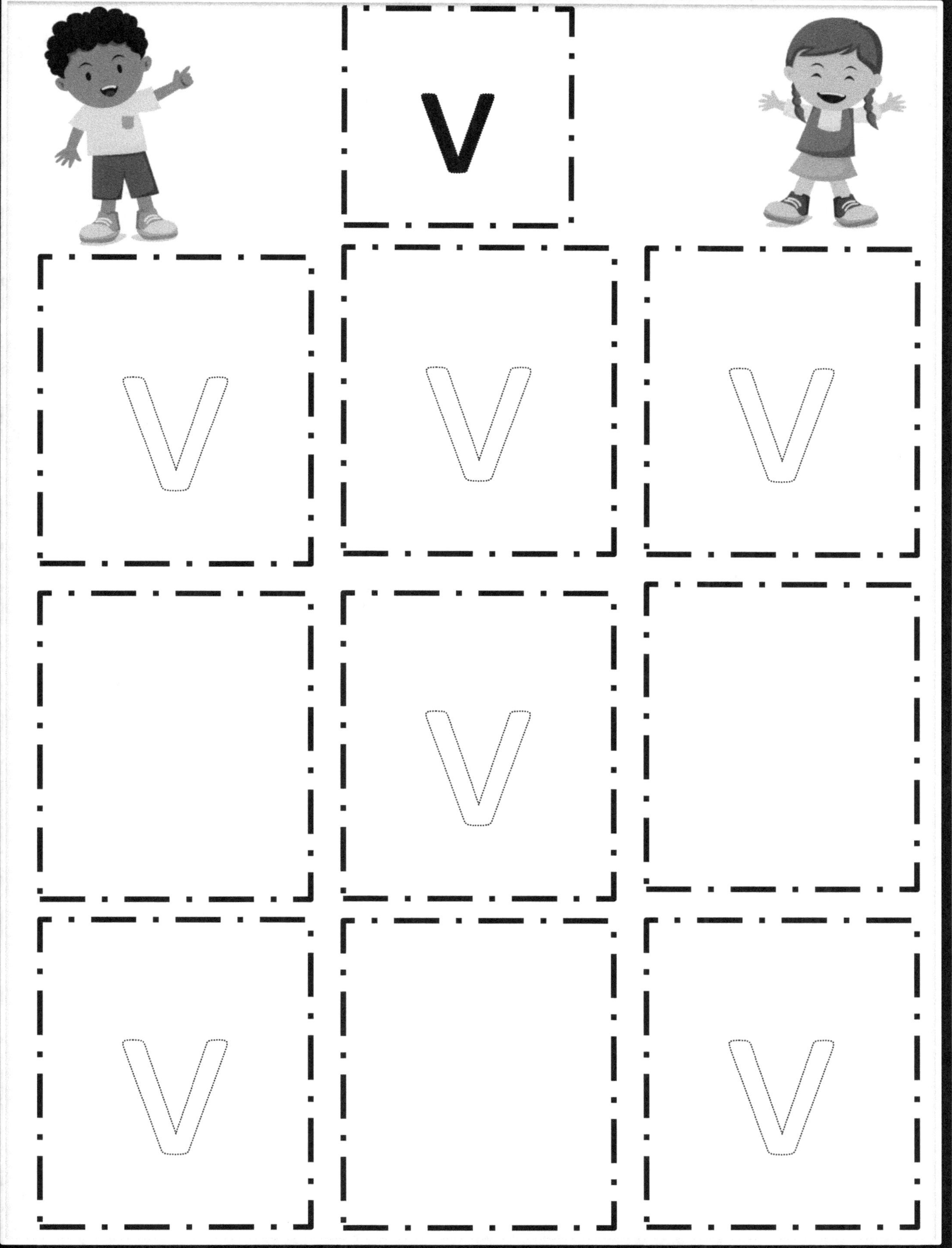
V

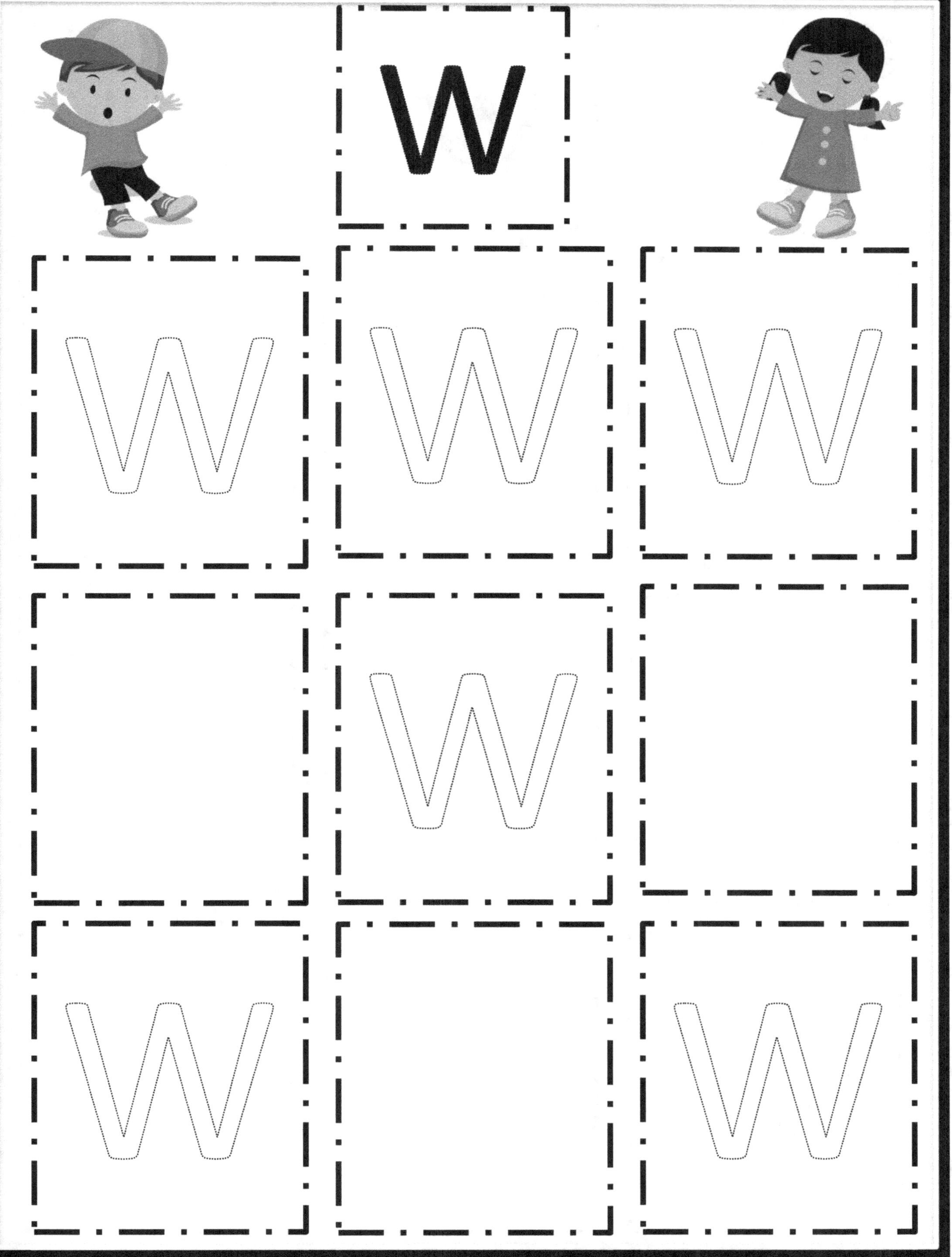

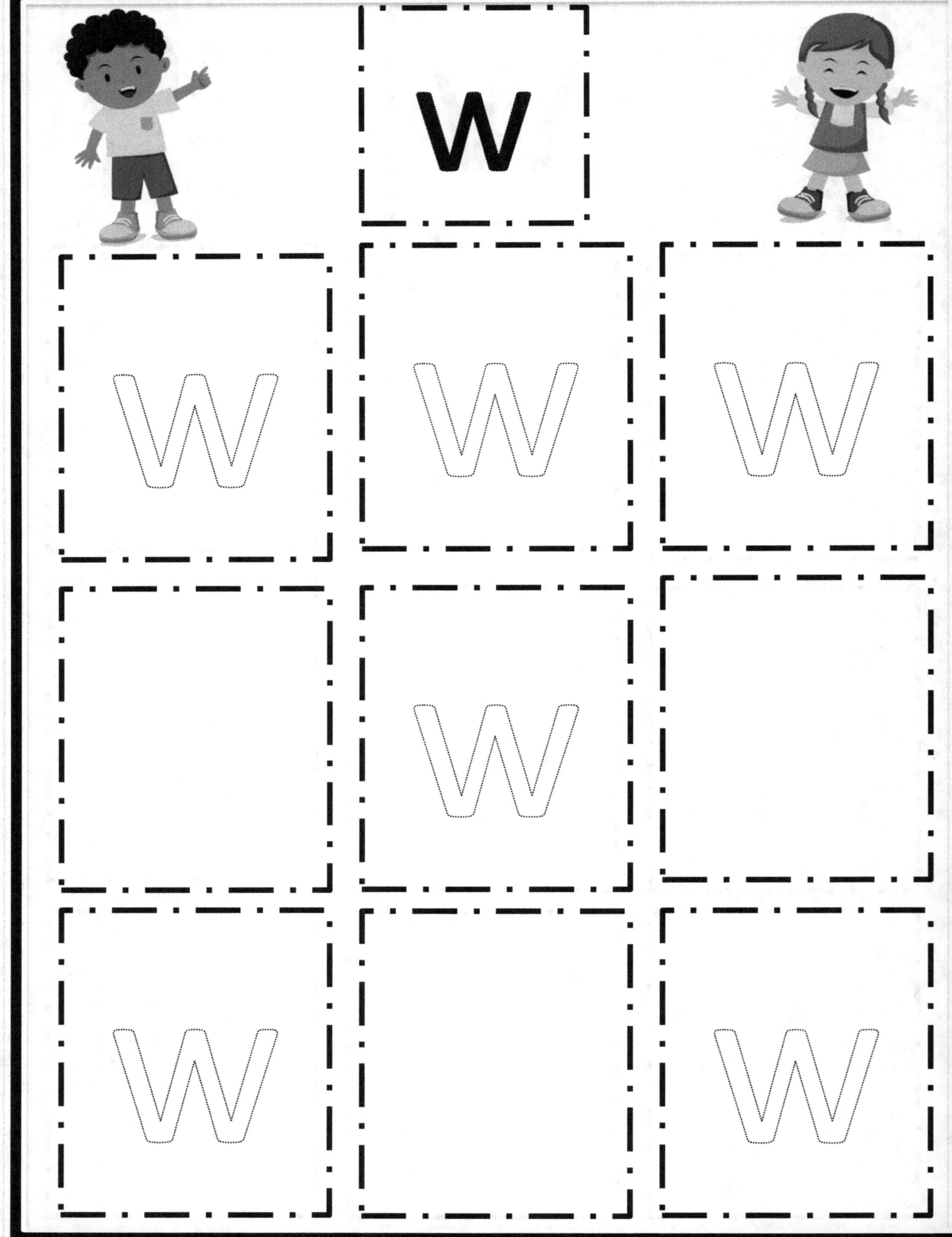
W

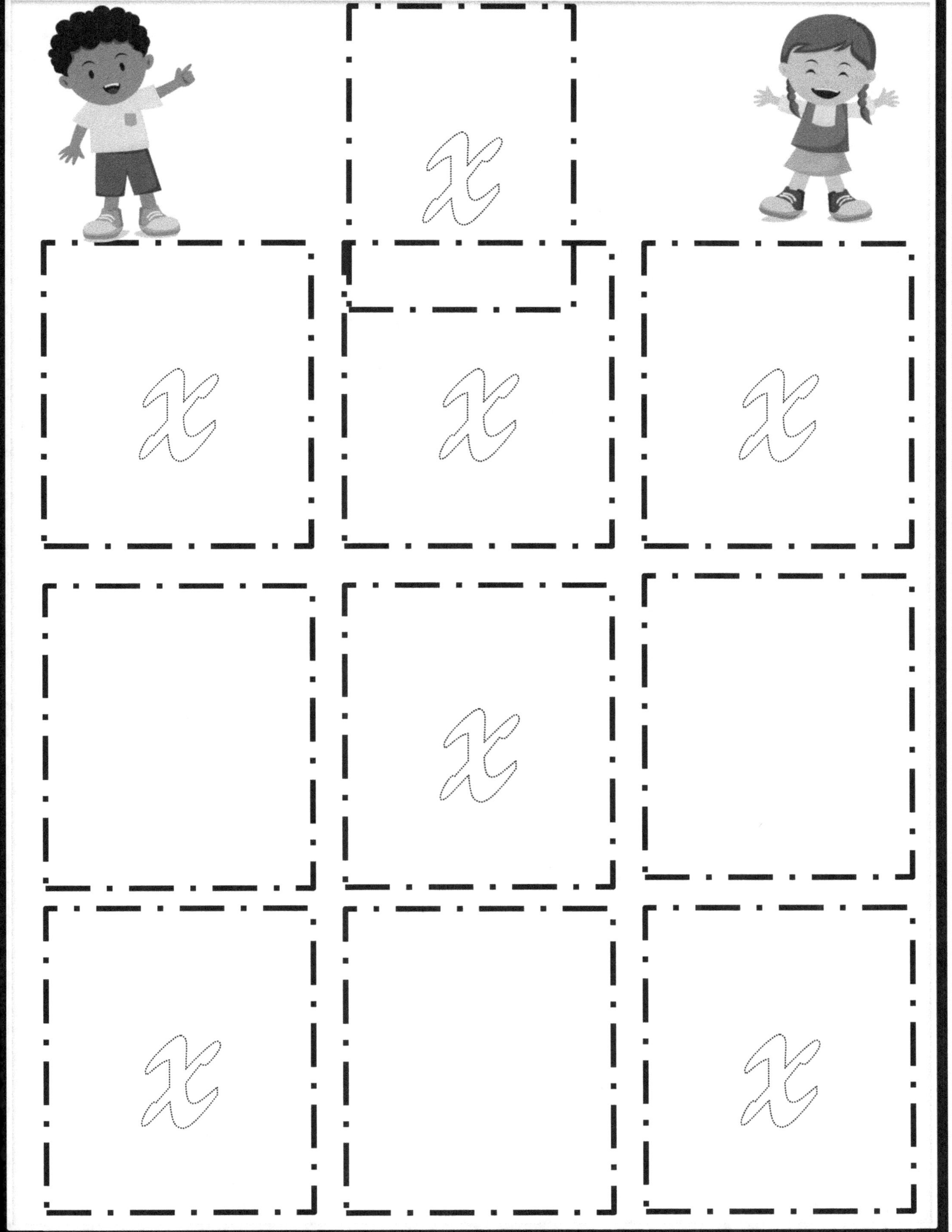

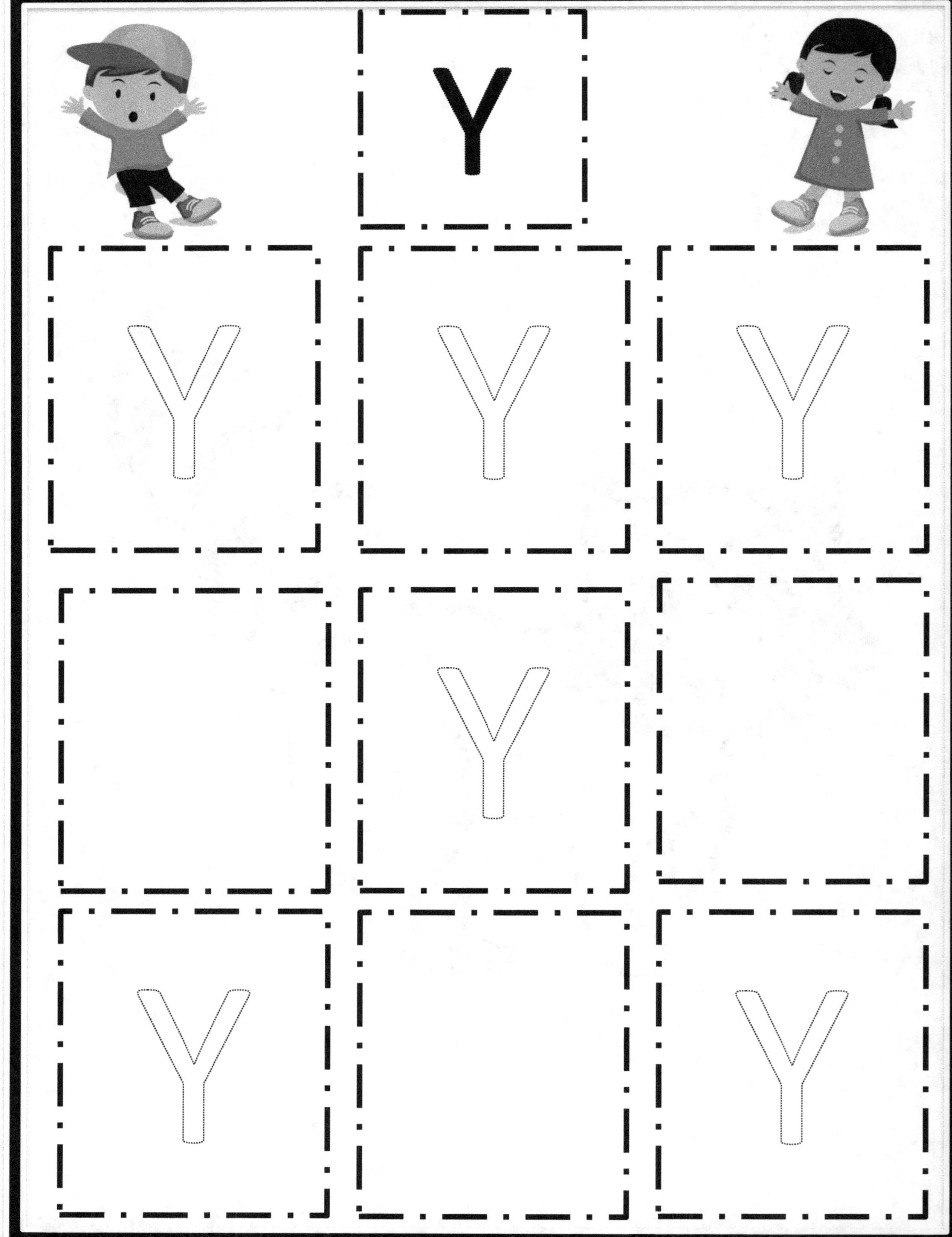
Y

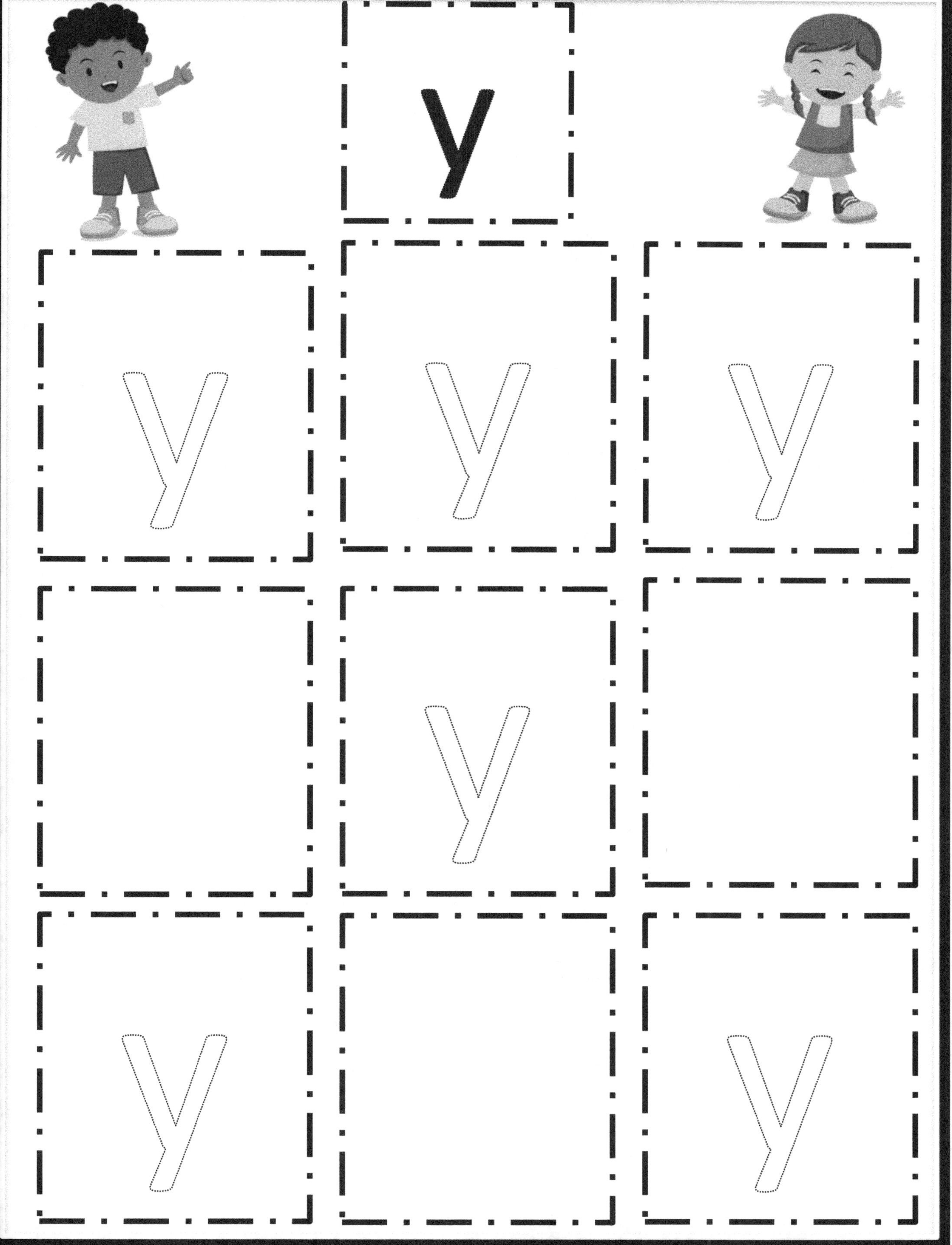

y

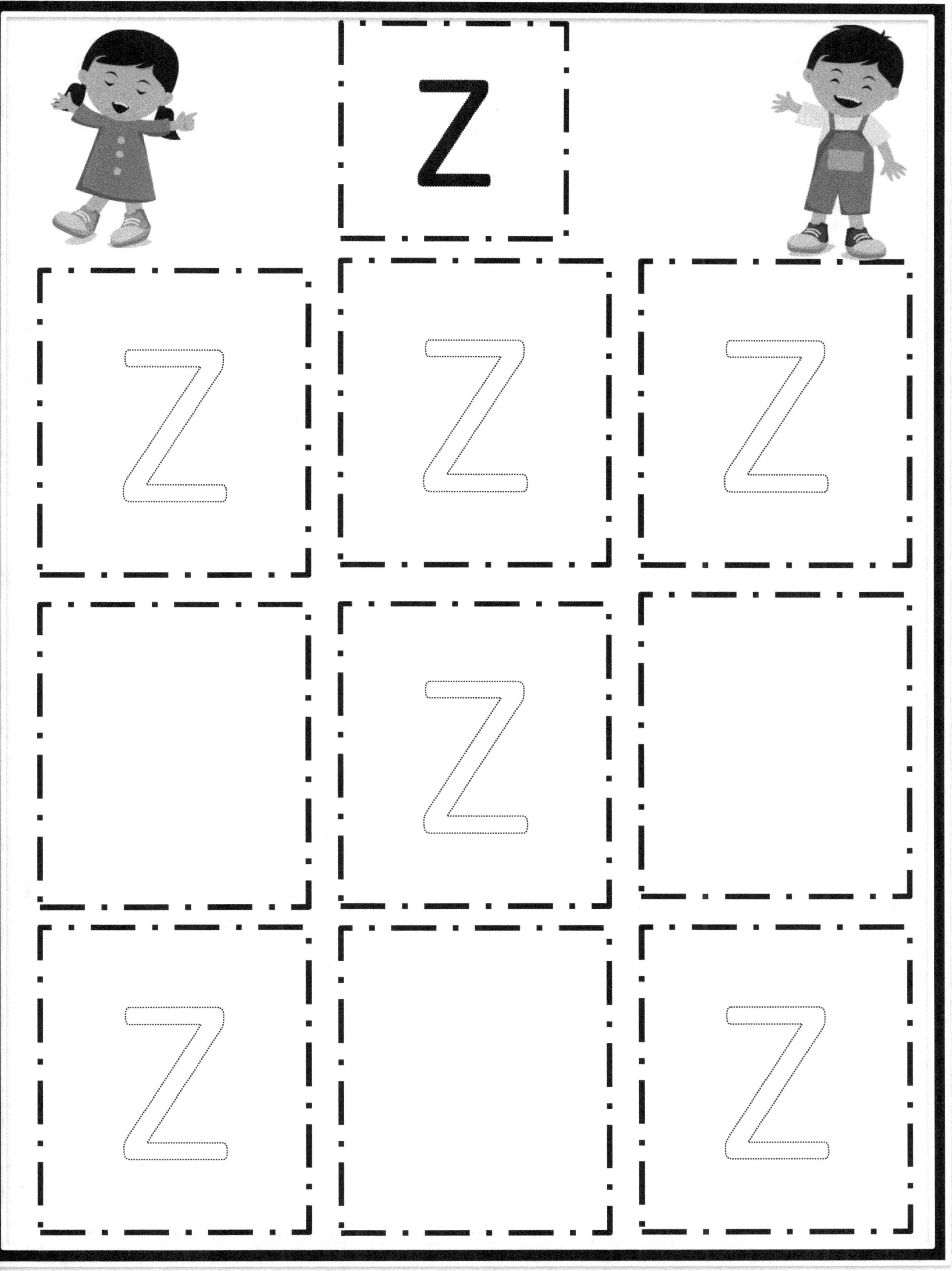

Z

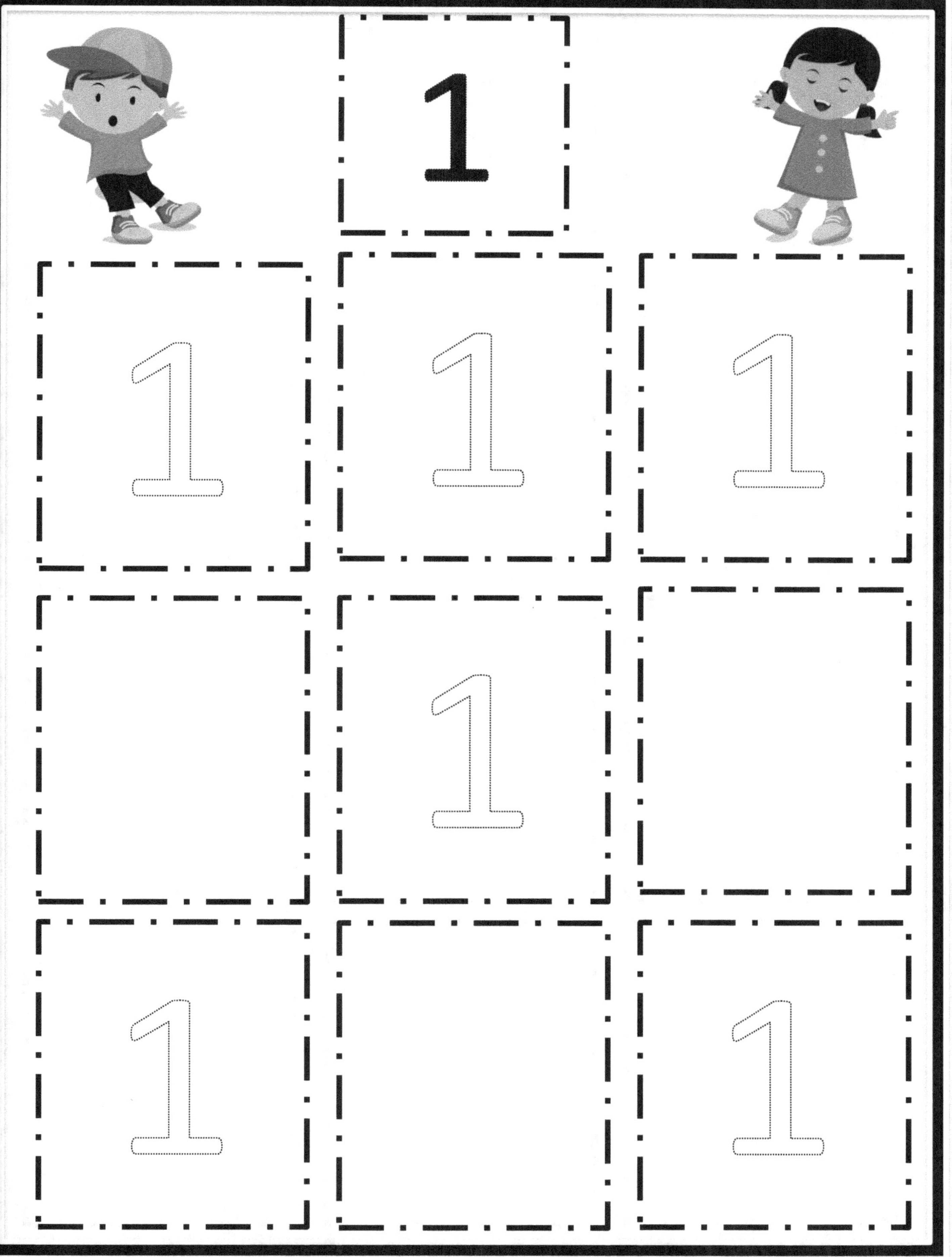

3

3 3 3

3

3 3

5

6

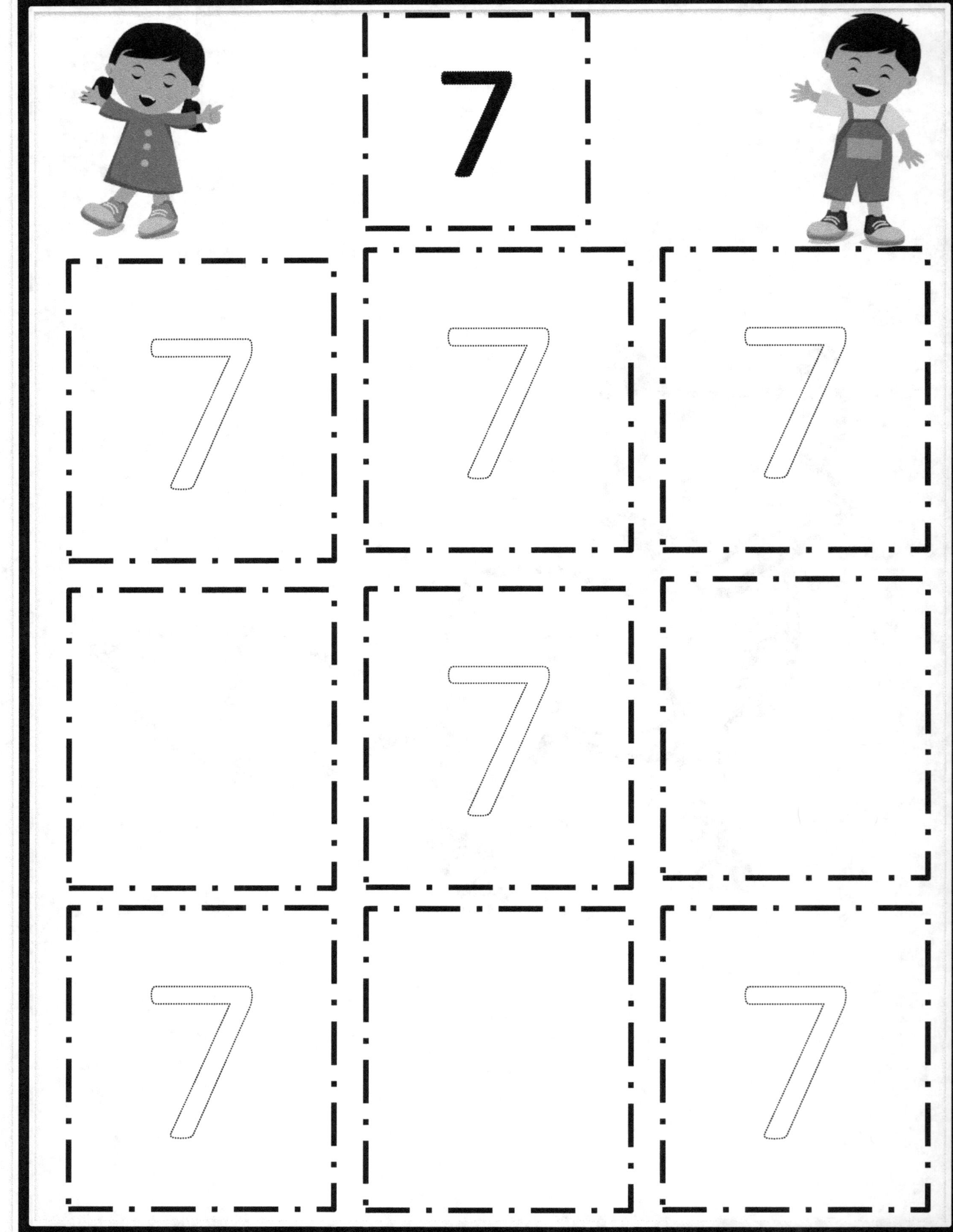

Bravo!